大家來讀詩

—— 臺灣新詩品賞

落 蒂 著

文 學 叢 刊

文史哲出版社印行

國家圖書館出版品預行編目資料

大家來讀詩：臺灣新詩品賞 / 落蒂著. -- 初
版 -- 臺北市：文史哲,民 101.02
頁；　公分（文學叢刊；263）
ISBN 978-986-314-007-8（平裝）

831.86　　　　　　　　　　101001067

文　學　叢　刊　<small>263</small>

大 家 來 讀 詩
── 臺灣新詩品賞

著　　　者：落　　　　　　　　蒂
出 版 者：文 史 哲 出 版 社
http://www.lapen.com.tw
e-mail：lapen@ms74.hinet.net
登記證字號：行政院新聞局版臺業字五三三七號
發 行 人：彭　　　正　　　雄
發 行 所：文 史 哲 出 版 社
印 刷 者：文 史 哲 出 版 社
臺北市羅斯福路一段七十二巷四號
郵政劃撥帳號：一六一八〇一七五
電話 886-2-23511028・傳真 886-2-23965656

定價新臺幣三四〇元

中華民國一百零一年（2012）二月初版

前言：大家來讀詩

　　每天點一爐檀香，泡一壺茶，讀一首詩，日子過得十分逍遙。於是想起一位心理醫師，曾經告訴病人：「心煩時，讀一首詩吧。」這就是我為什麼一直在從事新詩賞析的重要原因。也希望愛詩人因為讀詩去除心中雜念和煩惱。

　　談起詩帶給我的快樂，往往使我口沫橫飛。原來早在一九七四年我到北港高中任教時，學生中就有喜歡詩的陳璋儒、陳建宇、王舒平……等，時常和我一起讀詩，互相辯論，甚至在校刊中筆戰，你來我往，好不熱鬧，多麼令人懷念的時光。

　　從那時開始，我就不斷在北高青年，雲林青年等刊物寫「新詩賞析」的專欄，也到各種文藝營去教課，感覺竟比我自己的本業「教英文」有趣。一九八六年到陽明山革實院受訓，認識了《台灣日報》副刊編輯郁馥馨小姐，於是在一九八七年三月起便應郁小姐之邀，在該報撰寫「讀星樓談詩」專欄，一九八八年結束時，已有近四十篇作品，其中有幾篇選在我已出版的賞析各書中，在此處就抽掉了，只留下三十二篇，做為本書的第三輯。

　　一九九○年我從教職退休，正苦於日子無法打發，想再找工作，以免無聊。正在一籌莫展之際，突然接到文協理事長綠蒂先生電話，要我寄一本已出版的《中學新詩選讀》給

《國語日報》編輯鄭如晴小姐，原來他要介紹我寫「新詩賞析」專欄，我立刻以限掛寄去乙本，終於獲邀在《國語日報》寫了兩年的賞析專欄，其中一部份編成《詩的播種者》在爾雅出版社出版，還剩二十二篇就收在本書第一輯。第一輯中也收錄了《國語日報》副刊《古今文選》中的三篇析林泠、洪淑苓、林煥彰等三位名家的作品。剩下的就編在第二輯中，有刊於《文學人》、《詩報》、《乾坤詩刊》的，都是我平日讀詩遇有所感的讀後心得，整理成賞析文章，盼望也有愛詩人喜歡這些作品。

　　總之，詩帶給我許多快樂，當然也希望這些讀過的佳作，讓更多的人讀到，帶給大家快樂。每天忙於上班的人，抽空讀一首，如同吸了一口新鮮空氣；已退休的人，每天抽空讀一首詩，去除寂寞和煩憂。來吧！大家來讀詩。

　　由於這些賞析文字寫作時間前後相距二十五年，中間人事變化不少，有的詩作者的工作、出版作品數量變化很大，除部份修正外，不易考證的，只好照原刊出時登錄，請讀者諒鑒。若有詩作者來函提供最新資料，我們再版時，很樂意更正補充。有些詩賞析刊出時，沒載明作者介紹，但目前這些作者均甚出名，廣為人知，就不再加註。

　　最後謝謝我的同學劉多龍老師不辭辛苦打字校對，彭正雄先生願意出版本書。許多同學朋友奧援出版經費，更讓我永銘於心。

大家來讀詩

—— 臺灣新詩品賞

目　　次

前言：大家來讀詩 ………………………………………… 1

第 一 輯 ……………………………………………… 9

　1、生命中難以承受之重

　　　—— 析綠蒂〈坐看風起時 —— 重遊碧潭〉………… 11

　2、憧憬的幻滅

　　　—— 析席慕蓉〈酒的解釋〉……………………… 14

　3、詩眼看人間

　　　—— 析蘇紹連〈小詩兩首〉……………………… 17

　4、萬年時空交會

　　　—— 析白靈〈鐘乳石〉…………………………… 20

　5、理想的追尋

　　　—— 析蓉子〈小詩兩首〉………………………… 23

　6、無端心事飛

　　　—— 析蕭蕭〈霧與我〉…………………………… 26

　7、多情　再無感傷

　　　—— 析楊牧〈水妖〉……………………………… 28

　8、小馬般的歲月

　　　—— 析楊喚〈二十四歲〉………………………… 32

　9、一種淒然的韻律

　　　—— 析瘂弦〈坤　伶〉…………………………… 34

10、**沈思數千年**

　　—— 析渡也〈澎湖素描 —— 玄武岩〉⋯⋯⋯⋯⋯37

11、**胸中一疊心事**

　　—— 析陳煌〈短詩兩首〉⋯⋯⋯⋯⋯⋯40

12、**拒絕死去的名字**

　　—— 析非馬〈小詩三首〉⋯⋯⋯⋯⋯⋯43

13、**聽荷說法**

　　—— 析管管〈小詩葉〉⋯⋯⋯⋯⋯⋯⋯47

14、**想飛的慾望**

　　—— 析林煥彰〈翅膀的煩惱〉⋯⋯⋯⋯50

15、**流言飛瀑**

　　—— 析湯惠蘭〈流言〉⋯⋯⋯⋯⋯⋯⋯52

16、**看見了渺小**

　　—— 析張芳慈〈答案〉⋯⋯⋯⋯⋯⋯⋯55

17、**在黃昏的落日前趕路**

　　—— 析隱地〈旅行〉⋯⋯⋯⋯⋯⋯⋯⋯58

18、**夢與醒之間**

　　—— 析葉紅〈防波堤〉⋯⋯⋯⋯⋯⋯⋯61

19、**陽光地球**

　　—— 析林煥彰〈晒衣服〉⋯⋯⋯⋯⋯⋯64

20、**人魚的家**

　　—— 析余光中〈你想做人魚嗎？〉⋯⋯67

21、**三月的柳絮不飛**

　　—— 析鄭愁予〈錯誤〉⋯⋯⋯⋯⋯⋯⋯70

22、**蝴蝶花園**

　　—— 析林煥彰〈蝴蝶是我的客人〉⋯⋯72

23、在水田中悄悄小立
　　── 析林泠〈阡陌〉 ················75

24、繩索繫不住我
　　── 析林泠〈不繫之舟〉 ··········79

25、在深海裡敲擊音叉
　　── 析洪淑苓〈醉〉 ··············81

26、裁縫車直直紡
　　── 析洪淑苓〈阿母个裁縫車〉 ·····83

27、煮茶的心情
　　── 析林煥彰〈一壺煮過的茶〉 ·····86

28、到處見到一行詩
　　── 析林煥彰〈我，胡思亂想〉 ·····89

第 二 輯 ·······································93

1、廚房裡的華爾滋
　　── 析陳黎〈廚房裡的舞者 ── 給母親〉 ·····95

2、月湧大江流
　　── 析陳黎〈對話 ── 給大江光〉 ·····99

3、心頭狂飛的蓬草
　　── 析陳義芝〈我思索我焦慮〉 ·····102

4、削出暗藏的心事
　　── 析陳義芝〈燈下削筆〉 ········105

5、誰能看見它噴著淚水
　　── 析蘇紹連〈候鳥倒影〉 ········108

6、不曾遇見森林
　　── 析陳克華〈行道樹男人〉 ······112

7、夢翻過鐵蒺藜
　　── 析丁文智的〈聚說之間〉⋯⋯⋯⋯⋯ 115

8、雪撲天蓋地而來
　　── 析菩提〈雪〉⋯⋯⋯⋯⋯⋯⋯⋯⋯ 123

9、對生命無止盡的叩問
　　── 析康康〈滋味〉⋯⋯⋯⋯⋯⋯⋯⋯ 127

10、孤寂而不哀傷
　　── 析綠蒂〈屹立的孤島 ── 阿里山日落〉⋯⋯ 130

11、沙塵上的雨痕
　　── 析綠蒂〈春天紀事〉⋯⋯⋯⋯⋯⋯⋯ 133

第 三 輯 ⋯⋯⋯⋯⋯⋯⋯⋯⋯⋯⋯⋯⋯⋯ 137

1、讓我輕握你冰涼的小手
　　── 談楊牧詩作〈冰涼的小手〉⋯⋯⋯⋯ 139

2、一排風蝕的斷水描出異鄉的荒邈
　　── 談楊牧詩作〈微雨的牧馬場〉⋯⋯⋯ 142

3、立在東西的迷濛處
　　── 談鄭愁予的詩〈穿彩霞的新衣〉⋯⋯ 144

4、葬我，在最美麗最母親的國度
　　── 談余光中的詩〈當我死時〉⋯⋯⋯⋯ 147

5、誰是最早的傳燈人
　　── 談許藍山詩作〈關渡五疊〉⋯⋯⋯⋯ 149

6、面向春風我們分頭而雙飛
　　── 談向陽的詩作〈春分〉⋯⋯⋯⋯⋯⋯ 152

7、一雙手伸向茫茫的夜色
　　── 談洛夫的詩作〈植物園小坐〉⋯⋯⋯ 154

8、長廊盡頭張望著的臉
　　—— 談向明的詩作〈青春的臉〉…………………157

9、一萬年只是一瞬
　　—— 談戴宗良的詩作〈遊佳洛水〉……………160

10、火浴竟是一世的疼痛
　　—— 談落蒂的詩〈最後的星光〉、〈淒涼〉………163

11、撥動生命琴弦的水聲
　　—— 談落蒂的詩〈那夜的水聲〉………………166

12、安份握鋤荷犁的行程
　　—— 談吳晟詩作〈土〉……………………169

13、曠野裏獨來獨往的一匹狼
　　—— 談紀弦的詩〈狼之獨步〉…………………172

14、古典林間飛來的一隻白鳥
　　—— 談文曉村的詩〈白鳥〉………………176

15、一棵無花無果開逸孤高的樹
　　—— 談羊令野的詩〈屋頂之樹〉……………181

16、仰測雁字和天河相等的斜度
　　—— 談羊令野的詩〈秋興八首〉前四首………184

17、一擎殘荷聽風雨
　　—— 談羊令野的詩〈秋興八首〉後四首………187

18、把紅顏捏成白髮
　　—— 談康原的詩〈考季〉、〈捏麵人〉………190

19、摻飯配菜脯
　　—— 談向陽的詩作〈阿爸的飯包〉……………193

20、奉茶敬煙爲勸募
　　—— 談向陽的詩作〈校長先生來勸募〉…………195

21、請輕輕染織我蒼茫的影像
　　── 談張默的詩〈蒼茫的影像〉⋯⋯⋯⋯⋯197

22、黃昏是橋上的理髮匠
　　── 談覃子豪的詩〈過黑髮橋〉⋯⋯⋯⋯⋯200

23、驚呼在錯失的小站
　　── 談向陽的詩〈愛〉⋯⋯⋯⋯⋯⋯⋯⋯⋯203

24、這真是我們自己的頭顱嗎？
　　── 談洪維勛的詩〈頭顱〉⋯⋯⋯⋯⋯⋯⋯206

25、迎接一個掀天的浪
　　── 談梅新的詩〈大擔島與二擔島〉⋯⋯⋯209

26、宛如細雪的芒花
　　── 談陳煌的詩〈芒花季節〉⋯⋯⋯⋯⋯⋯211

27、體內怎樣奔騰的血液
　　── 談張默的詩〈深圳，在打鼾〉⋯⋯⋯⋯213

28、把鳥養在天空
　　── 談陳斐雯的詩〈養鳥須知〉⋯⋯⋯⋯⋯216

29、淒清的喜悅
　　── 談林錫嘉的詩〈母親〉⋯⋯⋯⋯⋯⋯⋯219

30、媽媽的炊煙是爸爸望歸的路
　　── 談梅新的詩〈家鄉的女人〉⋯⋯⋯⋯⋯222

31、秋後葦花的變局
　　── 談向明的〈生活六帖〉、〈吊籃植物〉⋯⋯225

32、走進亮藍的天空
　　── 談洛夫的詩〈桃園國際機場〉⋯⋯⋯⋯228

第 一 輯

輯前說明：
本輯原刊於《國語日報》青少年版及其副刊
《古今文選》中。除注釋及附錄評論、評論
索引刪除外，其他保留。

1、生命中難以承受之重

── 析綠蒂〈坐看風起時 ── 重遊碧潭〉

※詩

載負過三十年暌違的歲月

吊橋的背

竟也瘦弱的痀僂起來

碧水不綠

紅橋斑剝不紅

紙鳶在飛升中尋覓

河堤上那年的我

坐看風起時

往事如散脫了裝訂線的詩冊

一頁頁的恣意馳騁

不管是彩色繽紛

抑或灰黯淡白

不管是觸手可及的溫柔

抑或是恆久纏夾夢中的遙遠

終要飄逝

在無盡的風中

深知等待必然凋落的結局

但楓紅守候依然

只因守候不為秋之蕭瑟

守候的是自己孤冷的感動

以及心中那一小縷不滅的靈光

詩情不因等待而脆弱

芒葦不因白髮匍伏而憂傷

思念的筆觸冷冽如刀

剖析著所有曾經的華美

在風聲簌簌未息之際

停格在回顧的風景中

風起風落

暖陽薄暮成闌珊向晚

潺流在凝思中沈澱瘖啞

當彼岸燈火閃爍成粼粼波光

夜將因風而泊

舟繫彼岸

只是彼岸的輝煌也屬異鄉

※作者簡介：

綠蒂，本名王吉隆，一九四二年生，台灣省雲林北港人，現任中華民國新詩學會理事長、中國文藝協會理事長，出版詩集有《藍星》、《坐看風起時》等多部。

※賞　析：

坐看風起時—重遊碧潭，是一首旅遊之作。整首詩寫作

者再次到碧潭去玩，看到橋已老舊，自己也不再年輕，看到吊橋多年來載負無數的重量，自己也背負多少沉重的包袱，於是感慨中想起彩色繽紛的得意往事；也想起灰黯淡白的人生逆旅，容易得到的愛和遙不可及的夢都要消逝，只有作者的詩作，以詩的生命力，克服這些不如意，就像印度詩人奈都夫人所說的：「要以詩的悲哀，征服生命的悲哀。」結尾作者終於體會落葉歸根，人老終須還鄉，彼岸再輝煌也是異鄉。

第一段作者以「負載過三十年暌違的歲月」開始來告訴讀者，這次重遊距上次已有三十年了，三十年不算短吧？人生有幾個三十年？同時也寫橋的年齡不小了，自己也不再年輕；第二句描寫吊橋的背瘦弱痀僂起來，暗示自己瘦弱痀僂的身子。接著寫碧水不再綠了，紅橋也斑剝不再豔紅了，好像自己年紀大了，鬥志不再旺盛，當年雄心萬丈的自己，如今只有像紙鳶飛升在空中，無從尋覓，令人讀後無限傷感。

第二段寫往事像詩冊的裝訂線脫落了，一頁頁任它自行飛走了。不管是彩色的或灰白的，不管是容易得到的愛情或只是遙遠的夢境，都要飄逝在風中，令人回味。

第三段寫作者的痴，明知結局不完美，他還是要守候下去，心中還是有不滅的靈光，詩情依舊存在，他會用寫詩來克服。

末段寫作者的悟，這樣一直徘徊流連到薄暮，終於體悟到還是自己的故鄉好，其他地方再好都是異鄉，就是「月是故鄉明」的道理。

作者以優美的文字，特殊錘鍊的句法，寫景抒情，值得玩味再三。

2、憧憬的幻滅

── 析席慕蓉〈酒的解釋〉

※詩

佳　釀

要多少次春日的雨　多少次
曠野的風　多少　凋落的期盼與
等待　才能
幻化而出我今夜在燈下的面容

如果你喜歡　請飲我
一如月色吮飲著潮汐
我原是為妳而準備的佳釀
請把我飲盡吧　我是那一杯
波濤微微起伏的海洋

緊密的封閉裡才能滿貯芳香
琥珀的光澤起因於一種
極深極久的埋藏
舉杯的人啊為什麼還要遲疑
你不可能無所察覺
請　請把我飲盡吧
我是你想要擁有的一切真實

想要尋求的一切幻象

我是　你心中
從來沒有停息過的那份渴望

新　醅

假若　你待我
如一杯失敗了的
新醅

讓燃燒著的記憶從此冷卻
讓那光華燦爛的憧憬從此幻滅

我也沒有什麼可怨恨的
這世間多的是
被棄置的命運　被棄置的心
在釀造的過程裡　其實
沒有什麼是我自己可以把握的
包括溫度與濕度
包括幸福

※作者簡介：

　　席慕蓉，蒙古察哈爾盟明安旗人。一九四三年生，著有
詩集「七里香」、「無怨的青春」等。

※賞　析：

　　〈酒的解釋〉分成兩章，第一章「佳釀」，寫的是作者

對愛情的渴望，描寫自己經過多少春日的雨，曠野的風，以及多少凋落的期盼，才形成今夜燈下的自己，作者希望對方會喜歡，並且將它一飲而盡。第二章「新醅」則是描寫自己愛情的失敗，像一杯失敗了的「新醅」，記憶從此冷卻，光華燦爛的憧憬從此幻滅。作者自我安慰，這世間本來就多的是被棄置的人，對自己的愛情，包括幸福，整個過程就像釀酒，沒有什麼是自己可以把握的。兩首詩前後呼應，十分有味，值得品賞。

當然讀者也可以單純從表面上的字義「釀酒」去解釋，則這兩篇剛好形成對比，第一篇是成功的釀造，第二篇則是失敗的釀造。如果讀者要從藝術的創造去解讀這一組詩亦無不可。第一篇是描寫藝術作品經過千辛萬苦的雕琢，希望欣賞者會喜歡。第二篇則是描寫藝術作品被冷落棄置的悲哀。因此我認為讀者可以運用自己的想像力，多方去推理，去聯想，也就是「閱讀是讀者的再創造」。這樣一首好詩就可以「以有限表達無限」、「以小暗示大」，這樣子來讀詩，詩味自然芬芳無比，趣味盎然了。

而我還是認為這一組詩是作者借用釀酒來表達對愛情的看法，讀者可以從「我今夜燈下的面容」以及「請把我飲盡吧」、「我是你心中從來沒有停息過的渴望」，可以得知作者藉「佳釀」來表達自己還是很值得追求的人。而第二篇「新醅」則可以從「失敗了的」以及「記憶從此冷卻」、「憧憬從此幻滅」看出「失戀的悲哀」，對「愛情與幸福的不確定感」，畢竟，「沒有什麼是我自己可以把握的」，寫盡了失戀的無奈和心酸。

3、詩眼看人間

── 析蘇紹連〈小詩兩首〉

※詩

手電筒

你用一隻眼睛看黑暗
被你看到的地方變為光明
我有兩隻眼睛
卻要由一隻眼睛的你帶路

黑皮鞋

冬夜裡兩隻瑟縮的黑貓
蹲在門口思索著言辭
如何說才能讓屋裡的主人知道
牠們是冷得想進去依偎主人的雙腳

※作者簡介：

　　蘇紹連，一九四九年生，臺灣臺中人，臺中師院美術科畢業，曾任國小教師，現已退休。《詩人季刊》創辦人，著有詩集《茫茫集》等，曾獲《創世紀》二十週年詩創作獎、中國時報第五屆敘事詩優等獎、聯合報文學獎等多種詩獎。

※賞　析：

　　小詩兩首，第一首「手電筒」是寫黑暗的時候，打開手電筒照路，因為有手電筒照到的地方變為光明，有兩隻眼睛的人類才能向前走，完全是事實的書寫，但是這種簡單的事實，經過作者巧妙的處理後，卻變成一首非常有意思的小詩，令人讀後，反思再三，回味再三。

　　讀者試想：兩隻眼睛一定勝過一隻眼睛？在黑暗的地方，手電筒雖只是一隻眼睛，卻可以為兩隻眼睛的人類帶路，奇怪吧？這首詩作者原來還有一段附記，他說：「這首詩的含意是有些殘障者，就像一把手電筒，有把黑暗變為光明的能力，當他們為我們服務時，我們不必懷疑，反而要感謝他們，尊重他。」作者在附記中這麼說，整首詩就更容易瞭解了。介紹這首詩的目的，就是要讀者知道我們日常生活中，到處都是詩的題材，只要稍加處理，自成佳篇。

　　第二首詩「黑皮鞋」，描寫人們回家時，把皮鞋脫在外面，自己進到溫暖家中去了，把「黑皮鞋」丟在門外，讓它在寒冷的冬夜瑟縮著。在臺灣，把鞋子脫在門外，是很普遍的事實，可是作者由於有仁心，把物賦予生命，尤其用黑貓來比喻，生動多了。作者在附記中說：「黑貓，無疑就是黑皮鞋的比喻，沒有生命的黑皮鞋變成有生命的黑貓，因而才有一連串的動作和思考。『蹲、依偎』是動作，『如何說』想進去，是思考，而這些都是在表現黑皮鞋需要主人的憐憫。為主人行走千里的鞋子，被脫下放在門外受凍，難道主人一點都不關心嗎？這首詩觸動了人類惜物愛物的心，不管是有生命還是沒有生命，都要珍惜。」經過作者這麼一說，我們才恍然大悟，怎麼這麼好的題材，這麼熟悉的場景，我們竟

然沒有加以利用，加以抒寫？

　　至於兩首詩的涵意，雖然作者在附記中說了，但是我們仍然可再做擴大解釋。比如第一首，手電筒可以代表社會上一股正義的力量，經過它的照射，經過它的指引，黑暗變成光明了，多數的人雖有兩隻眼睛，卻經常視而不見，反而是由只有一隻眼睛的人帶路。這人就是慧眼獨具的人。

　　第二首，我們除了可以有鞋子「被利用完了，就被拋棄」的感嘆外，我們也可以再作其他的解釋，比如小人物希望依偎在大人物的身邊，永遠受愛護、受關懷。這樣一首詩就可以有多義性。

4、萬年時空交會

── 析白靈〈鐘乳石〉

※詩

詩篇寫成了讀起來多麼容易
而我的，仍垂懸著，無窮的
待續句
在內裡，向深洞的虛黑中
探詢呀探詢
數萬滴汗珠詠成一個字
而滑脫的句子呢，掉下去，
只有
通通的回聲，都叫暗暗的地下河帶走了
好久好久，才有堅實的響應
像是指尖　滴在　指尖上
那是水珠與水珠的拍手
句與句的呼應，卻是
幾千萬年的距離啊
可以感覺相遇時會是怎樣的
震撼
當向下的鐘乳與緩緩、向上的石筍
當可知的與冥冥中那不可預知的
在時光的黑洞中，輕輕的

一觸！

※**作者簡介：**

　　白靈，本名莊祖煌，一九五一年生，福建惠安人。現任台北科技大學副教授。曾獲國家文藝獎等多種獎項。著有《後裔》、《大黃河》、《沒有一朵雲需要國界》、《妖怪的本事》、《給夢一把梯子》、《白靈散文集》、《一首詩的誕生》、《煙火與噴泉》、《一首詩的誘惑》、《白靈·世紀詩選》等。

※**賞　析：**

　　這一首詩是利用鐘乳石的形成緩慢來暗示作者寫詩的艱辛。詩一開始就說「詩篇寫成了讀起來多麼容易」，的確，看別人寫詩好像不怎麼樣，好像輕而易舉，就像看鐘乳石早已形成在那邊，低垂在那邊，觀眾那知道那是經過多少年才能形成的一公分？

　　接著作者又寫「而我的，仍垂懸著，無窮的待續句」是的，作者的詩仍像鐘乳石一樣，繼續在形成，繼續「在內裡，向深洞的虛黑中，探詢呀探詢」，表示作者挖空心思，絞盡腦汁，企圖求得隻字半句，表示寫作的辛苦。

　　第五行到第七行則寫作者經過千辛萬苦，流了數萬滴汗珠才詠成一個字，卻像滑脫的句子，掉下去了，只有通通的回聲，都叫暗暗的地下河帶走了。「暗暗的地下河帶走了」是寫實，鐘乳石在形成時，有一部分會掉落被河流沖走，暗示作者好不容易詠成一個字，有時難免失誤，未能完成作品，像掉落的鐘乳石被地下河水沖走了。

　　第八行開始到第十二行則寫鐘乳石的形成是經過幾千年才完成的，來暗示自己的作品也像鐘乳石一樣，經過再三推敲，久久才形成句與句的呼應，才有堅實的回響。而「像是指尖滴在指尖上」、「那是水珠與水珠的拍手」、「句與句的呼應」是真實與想像的交互運用手法，一邊寫鐘乳石的形成像「指尖滴在指尖」、「水珠與水珠的拍手」，一邊則寫詩的形成「句與句的呼應」；在虛實之間，讓讀者更有想像空間，但不論是鐘乳石的形成或詩的完成，畢竟那是「幾千萬年的距離啊！」這一句是本詩的詩眼，也正是借描寫鐘乳石形成的困難，來暗示寫詩的辛苦。

　　末五行則寫向下的鐘乳石與緩緩向上的石筍在時光的黑洞中，輕輕的一觸，那種震撼，就像靈感的火花，在可知的與冥冥中那不知的瞬間迸出火花，會完成怎樣偉大的作品。尤其最後一行，另外獨立出來「一觸！」更是石破天驚，讀者可以想像其威力。本詩利用「明喻」與「暗喻」的寫法十分成功。

5、理想的追尋

── 析蓉子〈小詩兩首〉

※詩

小　舟

劃破茫茫大海的，

不是白晝的太陽，

不是夜晚的星星，

也不是日夜吹著的風。

劃破茫茫大海的

是一隻生命的小舟……

為尋找一顆星

跑遍了荒涼的曠野，

為尋找一顆星。

為尋找一顆星，

跑遍了荒涼的曠野。

找不到那顆星，

找不到那顆星，

癡癡地坐在河岸邊，

看青螢繞膝飛。

看輕紫繞膝飛，

癡癡地坐在河岸邊。

※作者簡介：

蓉子，本名王蓉芷，江蘇省吳縣人，一九二八年生。南京金陵女子大學畢業，世界文化藝術學院頒授榮譽文學博士。「藍星」詩社會員。曾任職交通部國際電信管理局，現專事寫作。著有詩集《青鳥集》等數十種，散文集《千泉之聲》等，另有評論、兒童文學等多種。曾獲世界詩人大會傑出詩人桂冠獎，國際婦女文學獎，第十三屆國家文藝獎新詩獎。

※賞　析：

這兩首小詩雖然都是短短幾行，但內容、形式都十分完整。作者在用字方面雖然十分淺顯，一看就懂，但是寫法還是有技巧的。第一首用「小舟」和「大海」來對比，大海暗示人生，小舟代表個人，個人在人生大海中如何航行，那就要看每一個人如何看待自己了。作者首先用複沓句法三次否定來加強詩的力量，「不是……，不是……，也不是……」這種構句的方法，使這一首詩讀起來，特別流暢，特別有力。然後接著才在這二段用肯定法「是……」來結束這一首詩，讓讀者讀完這首詩之後，會有意興風發的感覺，覺得自己就是那艘生命的小舟，正要去劃破茫茫的人生大海，雖然自己不是具代表性人物，不像白晝的太陽，夜晚的星星，也不是日夜吹著的風，而只是一隻小舟，仍然可以劃破茫茫的人生大海，去開創一切。有正面積極的鼓舞讀者的作用。第二首〈為了尋找一顆星〉，仍然是節奏明快流暢的複沓句法「為……為……」，「找……找……。」「看……看……」這種句法重複使用，使一首詩讀來特別鏗鏘有力。這一首詩

的語意仍十分明朗，一看就懂，「爲尋找一顆星」，代表尋找理想，「跑遍了荒涼的曠野」代表經過無數的挫折和努力。「找不到那顆星」代表理想不易實現，「癡癡地坐在河邊」，寫作者還是不放棄，還是癡癡地在等候，「看青螢繞膝飛」代表次一級的理想，找不到那顆星，若有青螢繞膝飛也不錯，就不要再好高務遠了。本詩寫盡了作者年輕時的理想和堅持。

　　這兩首詩都是作者早期的作品，寫作的時候還十分年輕，因此年輕的讀者要趁現在「屬於詩的年齡」，趕快動筆。蓉子早年投稿「新詩週刊」，即爲紀弦所賞識，西洋詩人雪萊・拜崙、濟慈成名的時候都還十分年輕。鄭愁予出版他的成名詩集《夢土上》才二十三歲。可見，詩是屬於年輕人的文學類型，介紹蓉子的〈小詩兩首〉，想到她寫作時，年紀十分輕，特別在此鼓勵讀者，趁年輕，趕快動筆。

6、無端心事飛

── 析蕭蕭〈霧與我〉

※詩

霧好像什麼也沒說

好像我，無端的心事

不知如何的腳步

好像慢慢聚攏來

又漸漸擴散而去的

幽怨

把所有的樓窗所有的道路都抹去

都 ── 抹去

只留下微微發黃的

　　　　　　　　我

※作者簡介：

　　蕭蕭本名蕭水順一九四七年生，台灣彰化人，師大國文研究所碩士。現任教職。著有詩集《悲涼》、《緣無緣》、《雲邊書》、《蕭蕭・世紀詩選》，評論集《現代詩學》、《現代詩縱橫觀》、《青少年詩話》、《現代詩創作演練》、《現代詩遊戲》等。編選《新詩三百首》爲大學「現代詩」課程之教本。另編有《中學生現代詩手冊》。對推動現代詩運動，貢獻至鉅。

※賞　析：

蕭蕭的小詩，像小品山水畫，只有輕輕幾筆，就點出作者心中想要表達的主旨，又能留下許多想像空間，讓讀者自己去補充，用字十分精簡，堪稱佳構。

〈霧與我〉，與其說是寫出來的，不如說是想出來的，「霧」是常見的大自然現象，很多人都看過，也常因霧而有所感，並且利用它來做文學藝術的象徵。作者利用長期觀察霧的聚散，終於想到自己，啊！我不是也和霧一樣嗎？霧來時，什麼也沒說，就像我突然湧起無端的心事，這些心事像霧一樣慢慢聚攏來又漸漸擴散而去，而我心中的幽怨，也像霧一樣來去飄忽，甚至於把所有的樓窗，所有的道路都抹去，只剩下微微發黃的自己。

作者利用霧和心情的幽怨交替抒寫，互為轉換。霧，真的會把所有的樓窗，所有的道路都抹去，這是事實，而無端的心事，擴散的幽怨，也會把前程遮住。霧抹去所有的樓窗，即暗示前途茫茫，霧抹去所有的道路，即暗示不知如何走下去，目前都不知如何走了，何況未來？這種悲哀深度更加一級。作者最後寫「只留下微微發黃的我」，而「我」又孤伶伶的獨自行走，更加突顯作者的用心。這樣一首詩可供讀者寫作參考，也就是多想，不要急著下筆，把霧和我相關的東西，多加聯想，然後可用的留下來，加以妥善處理，自然成為佳篇。

7、多情　再無感傷

── 析楊牧〈水妖〉

※詩

假如過去絕對衍生現在：
海潮近乎無聲，相對起落。
我看到單人臨界旋舞，
為了進入現在
於未來，俯視眩目的五色石
以預言的形狀自右手指尖垂點處
折射九十度延長至無限，啊水妖
我看到白浪回流的時候多層次的
閃光磨過細沙往下滑，暗暗作響，
如我們卑微的生命
永遠撤離著，以高蹈的姿勢
我聽見你接納的詠歎多情再無感傷

啊水妖，我意識一面巨大的網
曾經像宿命的風煙將你罩在
速度的中心
靜止
而我以為那接近寂滅的動作
是自我與身體的對話

時間無比溫柔，允許美麗
於平衡和尋求平衡的程式裡
── 如藏紅花反覆迸裂，痛苦
堅持露水點滴的季節，雲在天空
整理舞衣，創傷為了試探靈魂 ──
循環，分解，再生以孢子的力

啊水妖，在不斷的螺狀音波裡
在燦爛疊置的星圖中央，我看到
許多空氣精靈各自乘騎復活
重來的虎鯨背上，悠遠
唱那今昔之歌，海面漂浮著
歲月剝落的白堊與侏羅
你背對那些站立，潮水
湧到而回流，傾聽：
下頜依然與水平，藏紅花
準時開放，魚尾紋歸還
天空，創傷癒合
你是你自己的女兒

※作者簡介：

　　楊牧，本名王靖獻，初以葉珊筆名寫詩，民國二十九年生，台灣花蓮人，東海大學外文系畢業，柏克萊加州大學比較文學博士。著有《葉珊散文集》、《楊牧詩集》等，曾獲國家文藝獎。

※賞　析：

　　首先談這是一篇「用典」成功的範例。典用的恰到好處，可以省掉很多的說明。楊牧這一首〈水妖〉，寫的是他的文學歷程，以及喜歡文學的一些感受，利用「蘿蕾萊」的「水妖」故事，說明自己被文學的精靈一路牽引的心境。「蘿蕾萊」是一個很令水手害怕的水妖，水手只要聽到她迷人的歌聲，一定會發生船難，葬身水中；而作者從十七歲開始寫詩，當年新詩不但讀者稀少，反對者更多，這樣一路走來，已有五十個年頭，此中況味，作者藉〈水妖〉一詩，加以表達，十分合宜。

　　作者寫詩五十年，當然知道用什麼方法做最好的表達，比如第一段就是在寫他從早年一直到現在，孜孜不倦的創作，如果說「過去絕對衍生現在」，那麼作者今天的社會地位，實在不容訝異。他默默的寫作，他的生命世界，就像海潮，近乎無聲，只有相對的起落，他描寫他做為文人孤寂就說：「我看到單人臨界／旋舞，為了進入現在／於未來，／俯視眩目的五色石」是啊！寫作是多麼孤寂的旅程，他不像政治人物，到處有人潮擁護，只能把自己的文學理想放在現在，甚至未來，這種文學理想，別人也許不當一回事，在他卻是眩目的五色石。描寫他成功歸來，接受肯定，他就說：「我聽見你接納的詠歎多情再無感傷」。

　　第二段仍然以比喻的方法，寫出他在文學路程上的遭遇，如：「啊，水妖，我意識一面巨大的網」，這是本詩的詩眼所在，由於有這個網把他網住，他就一直脫離不了文學，就一直有「宿命的風煙將你罩住」，一直在「速度的中心／靜止」，他形容他的文學事業是「接近寂滅的動作」，是「自

我與身體的對話」，這些可以從他所描寫的內心世界的文學作品，及較不易了解的詩作裡，可以獲得印證，他寫他寫作狀況：「時間無比溫柔，允許美麗／於平衡和尋求平衡的程式裡／如藏紅花反覆迸裂，痛苦」描寫他的理想「堅持露水點滴的季節，雲在天空／整理舞衣，創傷為了試探靈魂／循環，分解，再生以孢子的力」。這種客觀的影射，是寫情的最高境界，讀者可以自己體會。

　　最後描寫他最近的心境：「你背對那些站立，潮水／湧到而回流，傾聽／下頜依然與水平，藏紅花／準時開放，魚尾紋歸還／天空，創傷癒合／你是你自己的女兒」，是啊！這一路走來多少辛酸，出外留學取經，如今回國服務，魚尾紋已展現，年紀已不小，多少創傷也都過去了，自己才是決定一切的主宰者，所以末了作者說：「你是你自己的女兒」一路上堅持自己的興趣，被文學的「水妖」所牽引，歷經千辛萬苦，終於有所成就，可做青年學子的學習楷模。

8、小馬般的歲月

── 析楊喚〈二十四歲〉

※詩

白色小馬般的年齡。

綠髮的樹般的年齡。

微笑的果實般的年齡。

海燕的翅膀般的年齡。

可是啊，

小馬被飼以有毒的荊棘，

樹被施以無情的斧斤，

果實被害於昆蟲的口器，

海燕被射落在泥沼裡。

Y、H！你在哪裡？

Y、H！你在哪裡？

※作者簡介：

楊喚，本名楊森，遼寧興城景菊花島人。民國十九年生，四十三年三月七日為了趕看勞軍電影，安徒生傳，搶越西門町平交道，不幸車禍喪生，年僅二十五歲。遺作有詩集：《風景》、《楊喚詩集》、《楊喚書集》等書。

※賞　析：

天才詩人楊喚，雖然只活了二十五歲，卻留下許多膾炙人口的童詩和意象新穎的詩作。他的童詩雖然只有十八首，卻是童詩中的佼佼者，他的想像力出奇的好，頗能抓住小朋友以情感世界為主的特性，予以具體而生動的描繪。

現在就讓我們進入主題吧！我們今天要讀的是他的意象十分生動的詩作。

〈二十四歲〉，描寫作者前途茫茫，孤寂無依的感覺。由整首詩看來，作者一定是不知何去何從，因此結尾才有重複句：「Ｙ、Ｈ！你在哪裡？Ｙ、Ｈ！你在哪裡？」那種聲嘶力竭的呼喊，Ｙ、Ｈ就是楊喚英文名字的縮寫。

第一段連續用了四個「……般的」形容詞來描寫年齡十分具體而生動，尤其「白色小馬般的，綠髮的樹般的，微笑的果實般的，海燕的翅膀般的」都是年輕、充滿生命力的描述。對比第二段「小馬被飼以有毒的荊棘，／樹被施以無情的斧斤，／果實被害於昆蟲的口器，／海燕被射落在泥沼裡。」真是頗有匠心，這種「充滿希望」與「完全絕望」的對比，引出最後「Ｙ、Ｈ！你在哪裡？」那種淒楚的呼喊！令人讀後擲筆三嘆！

9、一種淒然的韻律

── 析瘂弦〈坤　伶〉

※詩

十六歲她的名字便流落在城裡
一種淒然的韻律

那杏仁色的雙臂應由宦官來守衛
小小的髻兒啊清朝人為她心碎

是玉堂春吧
（夜夜滿園子嗑瓜子的臉！）

「哭啊……」
雙手放在枷裡的她

有人說
在佳木斯曾跟一個白俄軍官混過

一種淒然的韻律
每個婦人詛咒她在每個城裡

※作者簡介：

痙弦，本名王慶麟，河南南陽人，民國二十一年生。美國威斯康辛大學文學碩士。曾任聯合報副刊主編，創世紀詩社社長。曾獲藍星詩獎，香港好望角詩獎。著有《痙弦詩抄》、《深淵》、《鹽》（英譯本）、《痙弦自選集》等。

※賞　析：

〈坤伶〉這一首詩是描寫一名女戲子的身世，作者摒棄敘述手法，而用跳躍剪接的電影手法，點出整個故事的大綱，留下極大的想像空間，讓讀者自己去補足，值得向大家介紹。

詩一開始，作者就寫「十六歲她的名字便流落在城裡」，這種開場白很特殊，尤其「流落」兩個字用得太好，有多重意義，讀者可以自由聯想，比如像現在很紅的影歌星，到處有人談論她，比如到處公演，公演前都有海報，名字到處張貼……。總之，「流落」兩字用得貼切而巧妙。接著「一種淒然的韻律」和結尾的「一種淒然的韻律」前後呼應，使整首詩一直籠罩在「淒然的韻律」裡，象徵故事中的女主角的悲劇角色，果不其然，結尾一句「每個婦人詛咒她在每個城裡」，他是很紅很受歡迎沒錯，但是捧她的男人，家中的老婆當然恨透她了，所以到處有人詛咒。

第二段只有兩行，描寫「坤伶」的姿色「杏仁色的雙臂應由宦官來守衛／小小的髻兒啊清朝人為她心碎」，交代得很少，想像的空間就更大，比如這種麗質天生的角色是貴族嗎？貴族為什麼又流落為坤伶？這一句中的「應」字用得特別好，就是不管她是什麼人，貴族也好，平民也好，這麼美好的女人，本來就應該有人保護；「宦官來守衛」更擴大了

想像空間，這一句原意是可以入宮，可以得寵，可以貴爲嬪妃，可是竟淪落至此，唉，連「清朝人」都要爲她「心碎」了，不忍不捨之情，溢於言表。

第三段也只有兩行，第一行「是玉堂春吧」，既描寫唱的戲目可能是「蘇三起解」，又暗示這個「坤伶」也和「蘇三」一樣，是個妓女，所以用不肯定的語態「是玉堂春吧」，另外括弧的一行「夜夜滿園子嗑瓜子兒的臉！」暗示捧的人還真多，滿園子形容多，形容客滿，形容受歡迎。

第四段也是兩行「哭啊……」，既描寫戲裡的玉堂春中的蘇三的哭，也暗示這個「坤伶」悲慘的身世，令人爲之同情一哭，「雙手放在枷裡的她」，也是表面上寫戲中的蘇三起解時，雙手放在枷裡，也暗示「坤伶」的人生枷鎖。作者這戲裡戲外的描寫手法，使整首詩更加耐讀。

第五段寫「有人說，在佳木斯曾跟一個白俄軍官混過」，作者只有寫出這一件事爲代表，來形容戲子的戲裡戲外的人生，戲裡演什麼不要緊，戲外的人生才是真實的啊！「坤伶」也需要愛情生活啊！作者不必花很多筆墨，卻可以告訴我們「坤伶」也是有血有肉，有愛慾的人，句中的「混過」，用得十分傳神，也許「坤伶」見多識廣，也許「坤伶」不相信人間有真情，總之，讀者可以多方聯想。

作者只有利用幾個事件，點出全詩的大要，不但栩栩如生，且可以避免散文化的毛病。

10、沈思數千年

── 析渡也〈澎湖素描 ── 玄武岩〉

※詩

> 玄武岩
> 從奎壁山海底跟我回來
> 一顆玄黑的石頭
> 它悶不吭聲，身份不明
> 在客廳燈下閃閃發亮
> 那是一種招呼嗎？
> 像飛機降落前的閃爍
>
> 那也許屬於它族群的
> 語言或溝通方式
> 但我全家都不懂
> 念國小的兒子丟出一個建議：
> 「我們應向它點點頭」
> 喔，它懂嗎
> 這可要回去問澎湖
> 問數億年的大海
>
> 曾經在大海深處隱居
> 一顆不問世事的石頭

它埋頭沉思，一坐
就是數千年
翻個身，一躺
又隔數萬年
如今來我家作客
一住
將是萬年
萬年後
我也變成一顆
一顆玄黑的石頭
而客廳成為大海

※**作者簡介：**

　　渡也，本名陳啓佑，台灣嘉義人，一九五三年生，文化大學文學博士。曾任國立彰化師大國文系、所專任教授，中興大學、南華大學兼任教授。著有詩集《流浪玫瑰》，散文集《歷山手記》等數十餘種。曾獲聯合報極短篇小說獎，中國時報敘事詩獎，中央日報百萬徵文新詩首獎，中華文學獎敘事詩首獎，創世紀詩獎等多種。

※**賞　析：**

　　渡也擅長寫詩詠物，往往體驗深刻，設想新奇，令人喜歡閱讀，渡也這首〈玄武岩〉，屬於作者一系列的「澎湖素描」作品之一，此詩已經從作者以往的作品以物喻人與歷史結合之外，更擴大到宇宙永恆結合，進入另一個層次，讓讀者思考到自己在宇宙中的位置。

　　這首詩大意十分簡單，作者說他從澎湖帶回一塊石頭，放在客廳，作者因這塊石頭而發出一連串的問題：比如族群問題，比如世事無常的問題等，符合「設想新奇，體會深刻」的標準，是一首很好的詠物詩。它的優點有下列幾項：一、語言新奇，頗有創意：比如他帶回一塊石頭，他不說帶回來，而說「跟我回來」，十分生動。

　　第二、它巧妙的與時事結合，與宇宙永恆的主題結合，首先在第二段，它提到「族群問題」與「語言或溝通方式」，這是現在大家吵得最熱烈的，另外那塊石頭在大海中「一坐，就是數千年」，如今放在我家客廳，這「一住／將是萬年」，這種宇宙永恆的問題，直接撞擊讀者的內心，造成震撼，詩的力量可以無限擴大。

　　第三、情節造境新奇有味：作者在末段說「萬年後／我也成為一顆／一顆玄黑的石頭」，結尾「而客廳成為大海」，這種造境新奇就是前面設想新奇的手法之一，而這些設想又有可能發生，所謂滄海桑田，誰曰不可能？這叫做體驗深刻，否則胡思亂想，讀者是不可能認同的。

　　介紹渡也這一首詠物詩，目的就是希望讀者也寫寫看，每一件東西，都可以拿來吟詠一番，只要看一件東西，有所感觸，而這個感觸是新的，別人沒有說過的，就可以寫出來，那叫做借物抒感。甚至於可以和時事結合，寫成借物感時篇。好好的設計一下表現方式，剪裁一下所寫的內容，自然可以成就一篇好的詠物詩。

11、胸中一疊心事

── 析陳煌〈短詩兩首〉

※詩

迴紋針

用有力的臂膀

迴繞，留你

留你胸臆一疊心事

並且，試圖測知

那久已抑止的頻率起伏

是那麼難以捉摸

情形或不是這樣

我還留下褪鏽

模糊的印子

千般歲月之後

提起來那紋路

是那般清晰可尋

細字筆

用我細細的心

細心寫細細的字

細心地寫一封細細的信

讓我，請讓我的心
緊握在你纖柔掌中
無非是最溫暖的欣慰

然則，你必定是不甚瞭解
我隱藏軀裡的內心
是如何逐漸虛空
這，你是見不到的

※作者簡介：

陳煌本名陳輝煌，一九五四年生，臺灣鳳山市人，世新廣電科畢業，曾任龍龍月刊主編、百科文化圖書部主編。著有散文集《長巷》等十餘部，曾獲時報文學獎第二屆及第五屆散文獎，第七屆新詩首獎。

※賞　析：

寫詠物詩的要領，大概不外「感受深刻，設想新奇，聚焦準確，一語中的」，利用以上的觀點，來檢視這次為大家提供的兩首詩，第一首：〈迴紋針〉，第一段從字面下筆，利用迴紋兩字的字面特性，物品特性，將之擬人化，因此詩中許多描寫都十分貼切而有味，例如，「有力的臂膀迴繞」、「留你胸臆一疊心事」。第二段加上作者安排的故事，使「留下一些褪鏽模糊的印子」在讀者的腦中產生作用，讀者所看到的已不只是迴紋針，它將留下「紋路」千般歲月之後，仍是那麼清晰可尋，果然是上品的詠物詩。

　　第二首〈細字筆〉，作者仍然是把筆的功用和字面上的意義聯想在一起，第一段一連出現了好幾個「細」字，只是一個很平常的開頭，第二段也沒有什麼特殊，然而第三段就奇峰突起，也就是詩眼所在，若無此段，全詩將乏善可陳。細字筆在人們書寫下，中間的油墨逐漸耗盡，因此末尾兩句就是利用這一點，寫得最令人叫絕：「我隱藏軀裡的內心，是如何逐漸虛空」，果然是一首成功的「詠物詩」。

12、拒絕死去的名字

── 析非馬〈小詩三首〉

※詩

石頭記

你再怎麼
捏起拳頭捶我
用滂沱的淚水
淋我
我都只能給你
一個無奈的苦笑

至於掠過我臉上
那陣紅暈
我是告訴過你
是夕照
你不信
我也沒法

蛇

出了伊甸園
再直的路
也走得曲折蜿蜒

艱難痛苦

偶爾也會停下來
昂首
對著無止無盡的救贖之路
嗤嗤吐幾下舌頭

國殤日

在阿靈頓國家公墓
他們用隆重的軍禮
安葬自越戰歸來
這位無名的兵士

但我們將如何安葬
那千千萬萬
在戰爭裡消逝
卻拒絕從親人的心中
永遠死去的名字？

※作者簡介：

　　非馬本名馬維義，一九三六年生於臺中市，原籍廣東。
台北工專畢業，美國威斯康辛大學核工博士，在美國從事能
源研究多年。曾任美國伊利諾州詩人協會會員，為芝加哥詩
人俱樂部會員、笠詩社同仁。著有詩集《路》、《非馬自選
集》、《微雕世界》等十數種及譯著多種。主編《朦朧詩選》
及《臺灣現代詩選》等。曾獲吳濁流文學新詩獎、《笠》詩

社翻譯獎、伊州詩賽獎及芝加哥「詩人與贊助者詩獎」等。

※賞　析：

　　非馬的詩以精短著稱，以巧思見長，往往能讓人讀後，拍案叫絕，令人回味無窮。首先我們來看第一首〈石頭記〉，從篇名就可以知道，作者是利用石頭兩字的表相來抒寫他的感觸。如果一個人罵別人是石頭，大概就是說他無動於衷，沒有感情。因此作者在第一段中「你再怎麼捏起拳頭捶我／用滂沱的淚水淋我／我都只能給你一個無奈的苦笑」，頑固之至，所以說是「石頭」也。至於第二段，把「掠過臉上的紅暈」，說成「夕照」，暗示表面雖然「無情」，內心卻是「有情」，只是嘴巴不肯承認，因此最後說「你不信，我也沒法」，「石頭有情」或是「無情」，就看讀者的體會了。

　　第二首〈蛇〉，利用「典故」和「蛇的表相」，寫得很有意思。出了伊甸園的蛇，本質上仍有弱點，因此再直的路，也走得「曲折蜿蜒」，描寫實在恰到好處，至於「艱難痛苦」，則是作者意見的抒發，補足了全詩的韻味，使讀者印象更深刻，更有體悟。

　　第二段說蛇停下來，「嘶嘶吐幾下舌頭」，仍然是表相的描寫，配合前面作者的意見「對於無止盡的救贖之路」，形成相當巧妙的結合。

　　第三首〈國殤日〉，則是抒寫作者對戰爭的抗議，前段白描，寫阿靈頓國家公墓，用隆重的軍禮，安葬自越南歸來的無名戰士，表面這位戰士十分風光，有隆重的軍禮，又被安葬在國家公墓，其實呢？第二段才寫出本詩的重點，「但我們將如何安葬／那千千萬萬／在戰爭裡消逝／卻拒絕從親

人的心中／永遠死去的名字？」令人讀後十分痛苦，因而有
「人類爲什麼要有戰爭？」的疑問。

　　介紹這三首短詩的目的，就是提供讀者寫作參考，那就
是「多想」，只要用心「想」，很平凡的素材，也可以寫出
耐人尋味的作品。非馬的許多短詩，都可以拿來參考，比如
第一首他看到石頭，就想出了一個看似無情卻是有情的人，
只憑這一點，就可以使人讀後頗有收穫。第二首〈蛇〉也一
樣，我們也常看到蛇曲折蜿蜒的在馬路上或山間小路，我們
用心去體會了嗎？用心去把它寫成作品嗎？第三首〈國殤〉，
仍然是常見的場景，有一次我在一個美軍公墓，看到成千上
萬的石碑，整齊排列，每一個石碑上都刻有親人一段十分感
人的話，我爲什麼沒有把這些化成作品。羅門去菲律賓，就
完成了一首名詩〈麥利堅堡〉，並獲得菲國總統的頒獎。我
想「處處留心」、「用心去想」，你也可以寫出好作品。

13、聽荷說法

—— 析管管〈小詩葉〉

※詩

故　意

故意不關窗

讓野櫻的女兒花瓣

來吾書桌上寫詩

推　窗

推窗

鳥聲驟止

一樹當胸而立

要談談嗎？

滿　懷

清晨起來

一開窗

就跟山撞了個滿懷

鷺　鷥

單腳站在水田裡的鷺鷥

為西天染血的頭顱

留下了唯一的一點白

蛙 鼓

夜裡有蛙鼓敲門
請吾明早去池塘
聽荷花說法

等 夜

把燈熄掉
坐著等夜散步回來
什麼也不做

※作者簡介：

　　本名管運龍，一九三〇年生，山東人，從事詩、散文、劇本、雜文及繪畫創作。著有《管管詩選》等詩集多部，散文集《請坐月亮請坐》等四種。得過兩個新詩首獎。

　　作為一個現代詩人，管管可以說是一個異數，不管你寫詩或不寫詩，讀詩或不讀詩，都曉得有管管這一號人物，他寫詩，除了語言特殊 —— 常常吾呀吾們的，天真異常，讀來絕對前無古人，詩思更是別具一格，亦莊亦諧，往往富有天機妙趣。

※賞　析：

　　這一組〈小詩葉〉，一共六首，除了第二首〈推窗〉四行外，其他五首都只有三行，雖然短，都頗有禪意，喜歡禪詩的讀者可以多加參考。第一首〈故意〉，一開始就寫「故

意不關窗」，不關窗的結果，竟是「讓野櫻的女兒花瓣／來吾書桌上寫詩」，真是設想高妙。

第二首〈推窗〉更絕，「推窗／鳥聲驟止」還是十分寫實，因為你一開窗，驚動了鳥兒們，鳥的叫聲因被你驚嚇而停止，頗有道理，但是接下來「一樹當胸而立／要談談嗎？」就十分蘇東坡了，亦莊亦諧，半禪半道，讀來妙趣橫生。打開窗，看到一棵樹，問樹要談談嗎？設想之奇與有趣，令人折服。

第三首〈滿懷〉，十分有意思，一般人一開窗，看到的往往是俗事一樁，而作者清晨起來竟是跟山撞個滿懷，真是設想新奇，妙不可言。

第四首〈鷺鷥〉，寫來如同一幅小品水墨，太陽西下時，西天一片通紅，此時水田裡面只留下一隻單腳站立的鷺鷥，剛好是畫面上唯一的一點白，取景取材非常好，寫法用字亦頗有特色，含有當下直指的妙悟。

第五首〈蛙鼓〉更有意思，一般人聽到蛙鳴，頂多想到蛙鳴如雷，千軍萬馬等等，哪會想到蛙鳴竟然敲門，叫我們明早去聽荷花說法，設想十分新奇，是這一組中，最富天機妙趣的一首。

第六首〈等夜〉，其中一句「等夜散步回來」，實在令人叫絕，一般人都只能寫「等夜色降臨」，「等夜到來」，而作者居然是寫「夜散步回來」，其中之區別，明眼人一看便知。

總之，點子王管管雖然一副滿不在乎的樣子，無所謂的樣子來過他的人生，但是寫起詩來絕對夠意思，一定讓讀者讀後覺得「真乃天籟，值回票價」！

14、想飛的慾望

── 析林煥彰〈翅膀的煩惱〉

※詩

翅膀的責任是
把飛的慾望分開，
飛，本是
形而上的哲學。
一想到必須使出全力
載負數倍於軀體的，
張開的羽毛
便一一脫落！
翅膀的煩惱是，忘了
不知該如何表達

※作者簡介：

林煥彰，一九三九年生於臺灣宜蘭，著有詩集《愛情的流派及其他》等多種，評論集、兒童文學等三十多種，曾獲中山文藝獎，洪建全兒童文學創作獎，省教育廳金書獎，澳洲建國兩百週年現代詩獎等。

※賞　析：

寫詩要有豐富的想像力，欣賞詩同樣需豐富的想像力，否則當你看到〈翅膀的煩惱〉可能要發生疑問：翅膀怎麼會有

煩惱？它又不會思考？如果這麼一想，你就讀不出詩的滋味。

　　這一首詩中的「翅膀」代表人類的「思想」，「翅膀」在鳥類中的功能是飛，而在人類則是「希望做什麼？」，「希望達到什麼？」因此詩人借由他的想像力，已經把「翅膀」轉化為「思考」了。如果你也這麼想，那麼第一段你就可以豁然貫通。原來第一段是利用鳥兒有形的翅膀來說明人類無形的思想翅膀，使這首哲理詩顯現了無窮的趣味。詩人很簡短的幾個字就說明了很多意義，符合詩貴在精鍊的原則。這一段的原意是人類有想飛的慾望，而「飛」則代表多重含意，比如求名、求利，比如求理想的實現，甚至於不可能完成的希望，這時候「翅膀」就有責任把這些「飛的慾望」分開，否則人的慾望是無窮的。

　　第二段寫理想或慾望過高，不能達成任務：「一想到必須使出全力，載負數倍於軀體的」這不是任務過重或慾望過高是什麼？而「張開的羽毛／便一一脫落」則是非墜落不可了，失敗了。這一段也是用字簡潔而生動，一點都沒有說理的毛病。

　　末段只有兩行，也是最有意思的的兩行，原來我們論斷：「翅膀的煩惱應該是如何飛呀，如何去完去啊！」然而作者卻在結尾告訴我們：「翅膀的煩惱是，忘了／如何表達」真是令我們意外，這在文學作品中叫「驚奇結尾」，很多故事到最後才讓你知道結局，中間你會很想知道，很有興趣看，這種吸引你的方法，常見於以前的章回小說「請看下回分解中」運用。作者這個結尾的意思是：翅膀是有煩惱的，它應該把這個煩惱說出來，好讓指揮「翅膀」者知道，不要太過度使用它，濫用它，否則它一「張開羽毛」便會「一一脫落！」它就是無法表達出來。這也是翅膀的煩惱，人類的痛苦。

15、流言飛瀑

── 析湯惠蘭〈流言〉

※詩

　　最初只是一滴水的喃喃自語
　　而後撼動了整個海洋的激情
　　爭執不休的耳語
　　蒸發成濃厚的疑雲
　　灰色的流言滂沱
　　一開口　　就是一個流域

　　流言流過你的高山你的空谷
　　在齒隙瀉成飛瀑
　　冷感的海島終於起浪
　　泛著洶湧的高潮

　　淫雨的亞熱帶國度
　　慾望枝繁葉茂
　　激情過後的海島
　　體味持續發酵

※作者簡介：

湯惠蘭，一九七六年生，臺灣桃園人，國立臺灣師大國

文系畢業。曾獲全國學生文學獎第十四屆、十五屆新詩第二名，第十七屆新詩首獎。

※賞　析：

　　每一個人在面對社會環境的變化，都會有所感觸，甚至於有所批評，詩人亦不例外，因此有新聞時事詩的出現，但是這種容易引起激情的事件，要冷靜的化為詩篇並不容易，常見的毛病是直言不諱，赤裸裸的把現實呈現在讀者面前，實在乏味至極。選讀作者這首「流言」，就沒有以上的毛病，不但比喻用得很好，轉喻更佳，值得介紹。

　　詩分三段，第一段把流言比喻為水，首先只是喃喃自語，小小的漣漪而已，但流言的恐怖就在此，一傳十，十傳百，最後竟至「撼動整個海洋的激情」，有些社會事件，本來只是小事一樁，但經過流言的傳播，竟至發生不可收拾的大事。因此作者說：「爭執不休的耳語／蒸發成濃厚的疑雲／灰色的流言滂沱／一開口，就是一個流域」，把流言設喻成流水，終至疑雲滿天，流言滂沱，氾濫成為一個流域，原因只在於一開口，這一段的設喻生動有味，沒有直抒胸臆，開口見底的毛病。

　　第二段說明流言傳播的過程：「流言流過你的高山你的空谷／在齒隙瀉成飛瀑」，仍然設喻得很好，尤其高山空谷、齒隙飛瀑的意象運用十分成功。這兩句描寫流言厲害的程度，可以飛越高山穿過空谷，甚至見縫插針，在齒隙形成飛瀑，頗為機智幽默的用語，而且使詩的語言十分優美，能把流言這種人人厭惡的事件，用山水飛瀑去烘托，算是一絕。至於「冷感的海島終於起浪／泛著洶湧的高潮」，把流言比

喻成流水，又把流水流過的山谷轉喻成海島，十分高明。尤其海島有暗指臺灣之意，臺灣本就是海島，有很多人對事不關己的事件漠不關心，因此作者用冷感去形容十分合宜，但流言的利害在此，竟能讓冷感的海島起浪，終至泛著洶湧的高潮，沸騰起來了。

　　末段寫「淫雨的亞熱帶國度／慾望枝繁葉茂」，更證明前段我們的推理，海島指臺灣是正確的，因為臺灣地處亞熱帶，植物生長十分繁茂，作者利用事實來暗喻島上的人充滿慾望而且像植物一樣枝繁葉茂，形容慾望之多，證明政治人物為自己的私利，誰也不讓誰，真是妙喻。再說「淫雨」兩字雖然是事實，實在也充滿暗喻，讀者不妨聯想看看，讀詩的樂趣自然產生矣！至於末兩句「激情過後／體味持續發酵」，已不難知道是流言引爆的悲劇結果了。

　　本來這首詩只是概念，作者竟能將它轉化為生動的比喻，經營得很好，很成功，值得學習。

16、看見了渺小

── 析張芳慈〈答案〉

※詩

看見了渺小

在山脊中懸著　我如一片葉子

看見了渺小

在沒有盡頭的河畔　泡沫般的我

看見了渺小

當海水倒灌　家從地圖上淪陷了

看見了渺小

當遇上貪婪　正義在福爾摩沙消沉了

哦！那些擁有巨大私慾的人們

他們看不見渺小

他們以為 POWER 不會衰竭

他們妄想　無限

他們害怕成為渺小

然而　那才是生命的答案啊

※作者簡介：

張芳慈，一九六四年生，現任國小美勞科教師，「笠」詩社成員，作品有詩集《越軌》等。曾獲一九八八年吳濁流文學新詩獎，並在一九八九年首次舉行詩畫個展。作品中有

強烈的繪畫性元素，強調心象與視覺的連動。一九九五年作品〈悼畫家之死〉及一九九七年作品〈問號〉等，入選前衛版文學選。

※賞　析：

現在社會上有許多亂象，大家都在問為什麼？在眾多的疑問中，當然也有許多不同的答案，作者在這一首詩中，當然也提出他個人的看法。然而，詩畢竟不同於一般的文章，不像流水帳一樣的寫出問題，更不能像醫生的處方一樣，開出一系列的藥單，因此作者在處理這個題裁的時候，是經過一番精心設計的，這樣就可以避免散文化的毛病。

首先作者一連四次「看見了渺小」，然後才寫出一些社會現象，這些現象都只是抽樣性的代表，如「在山脊中懸著／我如一片葉子」，說明在這個時代裡，我的渺小，如一片葉子懸在山脊中，葉子已夠渺小了，如今又懸在山脊中就更渺小，更看不見。如「沒有盡頭的河畔／泡沫般的我」，描寫在這個社會的人群中，像一條沒有盡頭的河流，我只是河中的一小顆泡沫，這兩件事點出人微言輕的悲哀，接著兩件事都是社會上發生的不幸事件，如「當海水倒灌／家從地圖上淪陷了」，如「當遇上貪婪／正義在福爾摩沙消沉了」，都是眾多社會不幸的一個，作者只要提出一兩個代表性的東西，在詩來說就已經足夠了。這樣，作者把觀察所得，娓娓道出，意象次第展開，讀者讀起來就不會枯燥乏味。

接著作者提到別人「那些擁有巨大私慾的人們」，這些人跟作者不一樣，「他們看不見渺小／他們以為 POWER 不會衰竭／他們妄想　無限／他們害怕成為渺小」，作者說「那

才是生命的答案」，其實這就是自古以來永遠的悲劇，因為有人害怕渺小，才會有你爭我奪，爭戰連年，民不聊生，歸根究底，原來亂源在此。其實人不了解，人生中有許多豈是「渺小」或「偉大」所能全部概括？

　　這首詩在結構上使用排比句法最多，如前八行「看見了渺小，在……」，後八行「他們看不見渺小……他們害怕成為渺小」使得整首詩的力量於焉產生，如此句型最適合朗誦。

　　再看整首詩也以相當好的「對比」寫成，前半部寫「看見了渺小」於是有「我如一片葉子」、「泡沫般的我」、「海水倒灌，家從地圖上淪陷了」及「正義在福爾摩沙消沉了」等意象，後半部剛好相反，「他們看不見渺小」，於是「妄想　無限」產生。這種成「對比」的寫法，使得一首說理詩讀來韻味十足。

　　你是否心中也常有一些問題在徘徊呢？把這些問題加以處理，就成為一首詩了，試試看吧！

17、在黃昏的落日前趕路

—— 析隱地〈旅行〉

※詩

在人生的隊伍中行走
前行者變魔術似的消失
笑聲仍在林中擴散
就是再也見不到他們面容

一對情侶什麼時候披上了婚紗？
誰家的孩子　在隊伍後面
綿密跟來？
熟悉的面孔
迷失在哪個街口？
陌生的朋友
你是誰？
人生的隊伍繼續挺進
我在黃昏的落日前趕路

※作者簡介：

隱地，一九三七年生於上海，浙江永嘉人，曾任書評書
目雜誌總編輯，現為爾雅出版社發行人。著有短篇小說集《幻
想的男子》、《隱地極短篇》、散文集《愛喝咖啡的人》、

《盪著鞦韆喝咖啡》，小品集《心的掙扎》、《人啊人》、《眾生》及詩集《法式裸睡》、《一天裡的戲碼》、《生命曠野》等數十餘種。

※賞　析：

這是一首把人生比喻成旅行的詩，旅行就好比人生的隊伍，你也在旅行隊中行走，前面的人一個個變魔術般的消失了，而他們的笑聲仍在林中擴散，只是再也見不到他們的面容。是的，在人生之旅中，往聖先賢就如同旅行中的前行者，他們雖然不在了，不能見到他們的面容，但是他們的言行，仍供我們學習效法，就如同旅行隊的先行者，雖然走遠了，不見了，但他們的笑聲仍在林中擴散，我們走在後面的人，仍然聽得到。這個把人生比喻成旅行，或把旅行比喻成人生的方式，都是寫詩時常用的方法。

第二段作者說「一對情侶什麼時候披上了婚紗？」正式點明了他的「旅行」一詩，就是寫人生，人生之中，結婚是非常普遍的場景，因此作者把它突顯了出來，接著寫「誰家的孩子，在隊伍後面，綿密跟來？」不是嗎？剛接到一張喜帖，接著又有一張，剛剛有對情侶披上了婚紗，接著就有孩子出生了，作者不寫結婚的人生了孩子，而是寫「在隊伍的後面，綿密跟來」以便和詩題旅行契合，既是寫旅行，又是寫人生，交互運用，鏡頭的轉換十分靈活。

接著寫「熟悉的面孔，迷失在哪個街口？」是寫在人生之旅中，有些朋友會迷失在某些街口，雖然大家一起出發時，目標是一致的，性情都是單純的，但人是會變的呀！有些人會在五光十色中迷失了，而「陌生的朋友，你是誰」指的是

一生之旅中，一直往前行，會認識各色各樣的人。這幾句都
是作者抽樣點出來暗示人生的場景而已。

　　最後兩行，寫人生的行列，仍繼續挺進，我仍然在趕路，
邁向人生的終站。作者在末一句中用「黃昏的落日」來比喻
人生的結束，而他正在黃昏的落日前趕路，筆調十分蒼涼，
令人讀後頗有所悟。

18、夢與醒之間

── 析葉紅〈防波堤〉

※詩

像蚌的殼維護自己的柔弱

一條防波堤因海的遼闊

而蜿蜒而綿長，更因需要

而具體而長而寬而高

面對多變難計的能量

不能容忍

一指的缺口，更

等著隨時被撕裂

然後　看退潮時

千瘡百孔如何遭戲弄

防波堤　　需要堅強的結構

負載生存的各種慾望

一條防波堤的宿命

遊蕩

在大海與陸地之間

飄浮

在動與靜之間

橫置

在夢與醒之間

交錯

在永恆與你和我之間

※作者簡介：

葉紅，四川渠縣人，文化大學畢業。曾任耕莘青年寫作
會副理事長，河童出版社社長。曾經獲得耕莘文學獎新詩首
獎、散文獎、小說獎等。著有詩集《藏明之歌》、《廊下鋪
著沉睡的夜》、《紅蝴蝶》等。

※賞　析：

這是一首成功的觀物詩，它在虛與實之間，拿捏得十分
精準，表面上在寫實在的防波堤，其實是在暗示人與人之間
或人與自己之間的防波堤，簡單幾筆，卻讓飽滿飛揚的意象，
深刻的留在讀者的腦海中。

詩一開始作者就以「蚌的殼」來形容防波堤，是十分巧
妙的比喻，因為事實的防波堤內的陸地，柔弱得像蚌殼內的
蚌肉，若不是防波堤的保護，那禁得起海浪的年年沖刷？再
引申到人與人之間的防波堤，那種自我防衛的心理，更是一
條無形的防波堤，至於人與自己之間，如何防止脆弱的心不
被外物引誘，不被外力屈服，更需要一條強壯的防波堤，如
此一解讀，後面出來的詩句，就十分生動而有味了。

因此接著就有「一條防波堤因海的遼闊／而蜿蜒而綿
長，更因需要／而具體而長而寬而高」，這些生動的意象語，
用來說明防波堤所以那麼長、那麼寬、那麼高，甚至於那麼
具體，是因為海的遼闊，是因為需要，就顯得生動，而不是
概念化的說明，那樣多乏味。而海的遼闊，更是外力無邊的

一種暗示。

　　接著寫防波堤面對各種衝撞，各種侵襲，作者也寫得十分生動：「面對多變難計的能量／不能容忍／一指的缺口，更／等著隨時被撕裂／然後看退潮時／千瘡百孔如何戲弄」，真正的防波堤，若有一指裂痕，那海浪就洶湧而入，整個堤就潰裂了，至於人與人之間那道防波堤，若有一小小隙縫，就給人可乘之機，結果當然不言而喻，因此作者接著說：「防波堤／需要堅強結構／負載生存的各種慾望」，十分合宜。尤其「負載生存的各種慾望」已經充分告訴我們，作者寫的不完全是真正的防波堤，已經引申到了防止各種慾望的防波堤了。

　　最後幾行，把防波堤的宿命，由實而虛的寫出來：「一條防波堤的宿命／游蕩／在大海與陸地之間／飄浮／在夢與醒之間／交錯／在永恆與你和我之間」，然後不做任何詮釋，詩就這結束了，令人頗有意猶未盡之感。而那條防波堤，就一直在讀者的腦海中飄浮、遊蕩、橫置、交錯，時而在大海與陸地之間，時而在動與靜之間，時而在夢與醒之間，更時而在永恆與你我之間飄浮、遊蕩……真是神來之筆。這種電影運鏡手法的運用，在這首詩上頗為成功，讀者不妨多加揣摩學習。

19、陽光地球

── 析林煥彰〈晒衣服〉

※詩

媽媽洗好的衣服，
都晒在陽光底下。
我印有地球的
那件球衣，
正好夾在爸爸媽媽中間；
也在陽光底下。
而我，仰著頭
呆呆的看著；
看著我的衣服，
看著整個地球。
只是，想不透
為什麼？
代表我們國家的
那塊土地，
會有那麼多眼淚，
一滴一滴
往我臉上滴下……

※作者簡介：

　　林煥彰，一九三九年生於臺灣宜蘭，著有詩集《愛情的流派及其他》等多種，評論集、兒童文學等數十部。曾獲中山文藝獎，洪建全兒童文學創作獎，省教育廳金書獎，澳洲建國兩百週年現代詩獎等。

※賞　析：

　　這首詩以孩子的眼光，童稚的心靈來發言，令人讀後頗有所感，甚至受到強烈的撞擊。不論是給大人閱讀或者是給小孩閱讀，都是一首十分適合的好作品。

　　首先作者以小孩子的立場出現，看到媽媽洗好衣服正晒在陽光下，自己的球衣，上面印有地球，也晒在陽光下，正好夾在爸爸媽媽的衣服中間。這樣場景頗多暗示，頗值得深思，為什麼作者球衣上印有地球？有什麼暗示？為什麼正好夾在爸爸媽媽中間？有什麼指涉？而兩次出現的陽光底下又有什麼涵意？我們從接下來的詩句，將一一獲得解答。原來作者看到這些場景，心裡想著的竟是龐大的主題：「只是，想不透／為什麼？／代表我們國家的那塊土地，／會有那麼多眼淚，／一滴一滴／往我臉上滴下……」哦！原來他小小的心靈竟也會感時憂國呢！此時我們終於知道為什麼要用「地球」的意象了，同時「夾在爸爸媽媽中間」，也很容易有所了解，至於「在陽光底下」，更是寫實也有暗示，本來陽光底下沒有新鮮事，人類自古以來就爭戰不休，吵個沒完，難怪滴下的水滴，在孩子的眼中竟成了眼淚，多麼撼人心弦啊！

　　這首詩有幾個特色值得介紹的，第一，使用的場景、事

件，是我們常見的，晒衣服這種「民生必需」的事情，能抓到其中的特殊點，加以巧妙的處理，喜歡寫詩的朋友，可以多加參考。許多人常說「寫作需要靈感」，其實日常生活中的許多小事，往往是作品靈感的來源，只看你有沒有用心去捕捉而已。

　　第二個特色是以淺顯的事件，來傳達深奧的道理，尤其是有關歷史、國家民族的事件，不是簡單幾個字就能說完的，作者以孩子的童稚發聲，以晒衣服滴水的事件來說明，簡單易懂，又有強烈的印象。

　　第三個特色是這首詩的故事性很強、很具體，容易引起閱讀的興趣，而作者要傳達的思想又隱藏在故事中，隨每一個人的程度不同，而有不同的體會。

　　作者曾經表示：「寫詩，是寫我關心的事」，由於關心，才能動人，才能感人。以這首〈晒衣服〉為例，作者誠不虛言，讀者也可以因此而獲得一點如何寫詩的啟示。

20、人魚的家

── 析余光中〈你想做人魚嗎？〉

※詩

海洋生物博物館張臂說：
來，帶你去夢遊童話
你知道山高不及海深嗎？
你知道地廣不及海闊嗎？
你知道海量是怎樣的肚量？
你知道海涵是怎樣的涵養？
海神的財富是怎樣祕藏？
究竟有多少珊瑚和珍珠
多少海葵和海星，多少水母
浮潛出沒，多少沙魚和海豚？
當恐龍在陸上都成了化石
雄偉的大翅鯨、抹香鯨
在亮藍的高速公路上
卻迎風噴灑壯麗的水柱
吞吐著潮汐，鼓譟著風波
滿肚子沉船和鏽錨的故事
比記憶更深，海啊，比夢更神奇
海藻的草原，水族的牧場
波下的風景無窮無盡

你想做人魚來一窺隱祕嗎？

不用穿潛水衣，背氧氣筒

浪花的琉璃門一推就開了

下來吧，向陸地請假，來海底

※作者簡介：

　　余光中，一九二八年生，福建永春人，臺大外文系畢業，美國愛荷華大學藝術碩士，曾任大學教授、院長等職，「藍星」詩社發起人，著有詩集《余光中詩選》等多種。

※賞　析：

　　這是一首廣告詩，因此它必須具備詩的質和廣告的功能，也就是說它必須是詩句，又要達廣告的效果。作者必須要拿捏得很好，才不會流於純廣告，或流於純詩，那樣將失去讀詩的樂趣，難以吸引讀者去喜歡廣告中所介紹的東西。

　　這一首詩作者一開始就提了好幾個問題，比如山高或海深，地廣或海闊，有多少財富寶藏，多少珊瑚和珍珠……這種設問方法的使用，可以加強詩的音樂性，如果加快速度朗誦，將會產生無比的震撼和吸引力。所提的內容又都能命中海洋的特性，比如第一句「你知道山高不及海深嗎？」這個問題就十分有趣，山是可以看到的，但是許多山中事物、山中傳奇，仍然令人著迷；而海深是看不到的，當然令人嚮往了。這個問題就等於告訴觀眾：「來吧！海多神祕呀！來一探究竟吧！」而事實上以最高的山喜瑪拉雅山和最深的海溝馬里亞納海溝來比較，是海深比山高要多很多。第二句更有意思，「你知道地廣不及海闊嗎？」這個答案大家當然知道，

地球表面陸地占百分之三十，海洋占百分之七十，如此一提，符合寫詩時「要有時新奇」，讓讀者有意外的驚喜；「有時熟悉」，讓讀者深有同感。接著提到海量和肚量，海涵是怎樣的涵養，功能類似，無非形容海之大，所以人們才會用海量來形容肚量，用海涵來表示一個人的大涵養。至於要勾起人們幼年閱讀「金銀島」等童話故事的回憶，就用「海神的財富是怎樣的祕藏？」來挑起，而珊瑚、珍珠、海葵、海星、水母、沙魚和海豚，最易吸引人們的注意力，一一用設問的方法列出，不但不枯燥，而且會深深吸引讀者。

　　陸地上最大的動物是恐龍，但是已經變成化石了，只有大翅鯨、抹香鯨這種海中最大的動物仍然在海中優游，如同「在亮藍的高速公路上」一樣，這一句用語十分新奇有味。接下來寫鯨魚的壯觀模樣「卻迎風噴灑壯麗的水柱／吞吐著潮汐，鼓譟著風波」，畫面十分生動壯觀，容易吸引讀者。又寫神祕的傳說：「滿肚子沉船和鏽錨的故事」，令人充滿遐想。這些「比記憶更深」，「比夢更神奇」，即用來修飾海，也是最吸引人的意象，是詩中寫得最好的地方。接下來人們既然受感動，當然就想來此一遊了，你就可以做人魚了。來「海藻的草原，水族的牧場」探看「波下的風景無窮無盡」，「不用潛水衣，背氧氣筒」更是道盡這裡的特色，「浪花的琉璃門一推就開了」，也寫得很美很有味，至於「下來吧，向陸地請假，來海底」更有意思，尤其是「向陸地請假」，真是生動幽默的語言。寫廣告詩能達到這種境界非余先生莫屬。真乃「詩的廣告，廣告的詩」也。

21、三月的柳絮不飛

── 析鄭愁予〈錯誤〉

※詩

（我打江南走過
那等在季節裡的容顏如蓮花
的開落）
東風不來，三月的柳絮不飛
你底心如小小的寂寞的城
恰似青石的街道向晚
跫音不響，三月的春帷不揭
你底心是小小的窗扉緊掩
我達達的馬蹄是美麗的錯誤
我不是歸人，是個過客……

── 選自《鄭愁予詩集》

※作者簡介：

鄭愁予，本名鄭文韜，民國二十二年生，國立中興大學法商學院畢業。曾參加「現代派」、「現代詩社」，著有《夢土上》、《衣缽》、《窗外的女奴》、《鄭愁予詩集》、《燕人行》等詩集。

※賞　析：

這是一首名詩，尤其末行更是名句，常被引用。原詩內容大概是描寫一個寂寞的等候者，她的內心就像小小寂寞的城，連窗扉都緊緊掩上，而東風偏偏不來，三月的柳絮不飛，那人的跫音也不曾響起，充分顯現等候的寂聊。最後有人來了，她內心一陣驚喜，然而，那卻是個陌生的過路人，蹄聲只使她空歡喜一場。情緒由高漲而突然跌落到谷底。這種失落的情緒，也緊緊扣住讀者的心，引起極大的共鳴。

此外，這首詩用字古典婉約，情節淒美動人，意象、音韻更是獨到，融古典於現代。尤其詩的開頭即用括弧寫出旁白，更交代了它是一首哀怨動人的詩。為什麼？作者說他「打江南走過」，只是走過而已，但「那等在季節裡的容顏」，也就是佳人，卻如「蓮花的開落」，讀者可以想像等他的佳人如蓮花，開了又謝，謝了又開，年復一年，其中的淒苦，不言而喻。

接著寫東風、柳絮之不來不飛，更映襯了她內心的寂寞，比喻成「向晚的街道」，前途昏暗；比喻成「窗扉緊掩」，更是寂寞無人聞問。

作者的電影運鏡手法，也讓讀者印象深刻，這種由遠而近，由大而小，由小城而街道而窗扉的描述手法，緊緊抓住了讀者的視線。接著，達達的馬蹄聲由近而遠，逐漸消失，讀者的情緒達到最高潮，又突然崩解，真是神來之筆。

這首詩意象生動，音韻高妙，寫作手法獨到，能巧妙運用明喻、暗喻、借喻、轉喻，出入自如於古典與現代之間，情節的構思尤具戲劇性，深刻有味，能引發讀者參與想像，產生共鳴。難怪數十年來，深深為讀者所喜愛，並傳誦不絕。

22、蝴蝶花園

—— 析林煥彰〈蝴蝶是我的客人〉

※詩

蝴蝶是我的客人，
我愛種花，
牠們就喜歡，
到我家來。
春天花開，牠們春天來。
夏天花開，牠們夏天來。
秋天花開，牠們秋天來。
冬天花開，牠們冬天來。

蝴蝶是我家的常客。
每天我都很高興，歡迎牠們
用盛開的花朵，裝著
最新鮮的花蜜，請客

※作者簡介：

　　林煥彰，一九三九年生於臺灣宜蘭，著有詩集《愛情的
流派及其他》等多種，評論集、兒童文學等數十部，曾獲中
山文藝獎、洪建全兒童文學創作獎、省教育廳金書獎、澳洲
建國兩百週年現代詩獎等。

※賞　析：

　　這一首詩寫得十分淺顯有味，適合欣賞，也適合剛剛開始新詩創作者學習參考。為什麼？因為這首詩的創作靈感來自種花，種花可以得到寫作靈感，那麼其他的日常生活作息，不也可以一一入詩嗎？種花可以引蝴蝶來，泡茶可不可以吸引朋友來，畫畫寫作可不可以吸引同好來？如此一想，你的詩也可以靈感源源不斷了。

　　再說到靈感來了之後，詩思不斷湧現，如果讓句子亂無章法的呈現，將不會是首好詩，一定要一一記錄下來，加以剪裁，選取最精確最有想像空間的句子，加以適當的安排，也就是推敲。例如第一段，如果寫成散文，就是「我愛種花，花開了會吸引很多蝴蝶到我家來，牠們是我的客人」，這段散文經作者稍加調動位置，就成了非常簡潔的詩句，用來交代場景——「我家」。

　　第二段，作者在仔細推敲後，利用春夏秋冬四季，來呈現一年到頭都有訪客—蝴蝶來，這是多麼快慰的事。作者特別利用四句完全相同的句法，排比出一年到頭都有花開，都有蝴蝶到來的快樂心情。「以小喻大」的手法，讓讀者自由聯想—開花可以想成快樂，那麼你春天快樂，朋友就春天到來；你夏天快樂，朋友就夏天到來……，這就是詩有趣的地方。種花也可以變成聽音樂、看書，因為都是快樂的事，可以吸引很多朋友來，如此每個人讀詩的心得就會不同。

　　結語也十分精簡，用花朵當杯子，將花蜜裝在裡面，請蝴蝶這個客人。這一段有寫實的部分，花開了，蝴蝶飛來採蜜是事實；但也有暗示：若我給他快樂，別人自然喜歡到來，這就是想像空間。寫詩最怕言盡意盡，就是讀完了，什麼也

沒留下。讀完這首詩，讀者心中也是甜甜蜜蜜的。這首詩可供兒童欣賞，成人欣賞當然有更多領悟。

　　林煥彰是兒童文學專家，擅寫童詩，以寫童詩的方法，寫出這麼有味的詩，不得不令人嘆服。

23、在水田中悄悄小立

── 析林泠〈阡陌〉

※詩

你是縱的，我是橫的
你我平分了天體的四個方位

我們從來的地方來，打這兒經過
相遇。我們畢竟相遇
在這兒，四周是注滿了水的田隴

有一隻鷺鷥停落，悄悄小立
而我們寧靜地寒暄，道著再見
以沉默相約，攀過那遠遠的兩個山頭遙望

（一片純白的羽毛輕輕落下來）

當一片羽毛落下，啊，那時
我們都希望 ── 假如幸福也像一隻白鳥 ──
它曾悄悄下落。是的，我們希望
縱然它是長著翅膀……

※作者簡介：

　　這裏選析林泠作品二首。第一首〈阡陌〉，第二首〈不繫之舟〉，均選自《林泠詩集》。〈阡陌〉以「你」「我」劃分宇宙時空，鋪陳一個愛情故事的場景，然後寫「相遇」、「分離」、「幸福」的「渴望」，以及對愛情消逝的傷感。第二首〈不繫之舟〉寫「我」是一艘在太空中邀遊的小舟，路途上有玫瑰、綠蔭、港灣可以避風，但都不能讓它停航，在什麼都沒有的情況下，更加堅定自己的意志，堅持自己的選擇。本詩看似輕盈、寂寞、恬靜，卻也有堅強的一面。

　　林泠，本名胡雲裳，原籍廣東，民國二十七年（西元一九三八年）生於四川。來臺後就讀於師大附中及北一女中。一九五四年，入臺灣大學化學系就讀，畢業後赴美，獲佛吉尼亞大學博士學位。現定居美國。

　　林泠從一九五〇年左右就開始寫詩，當她的《四方城》在《現代詩》上連載，馬上得到很多的喝采和讚譽，甚至以莫札特的話：「天才是無法教出來的」來讚美她。的確，一個中學生，一開始寫詩，就能展現在音調與意象的不同凡響，難怪楊牧說她：「早期的愛情詩作具有抒情詩的矜持。」以及「婉約優柔和純真矜持頗能代表大部分林泠詩的風格和體裁。」並且說她「內在的探索、意象化的有機結構，和自然流動的聲調節奏是林泠的擅長。」對林泠的成就可說一語道破。

　　鍾玲更認為了楊牧所舉的優點外，林泠「在表面的溫婉語調背後，多隱藏強烈的情緒。」的確值得研究者參考。《六十年代詩選》有一段評林泠的話說：「林泠是不同凡響的，她是我們這年代最秀美的詩人。她的詩之特徵在於能以極流利之筆觸，將她對宇宙萬事萬物所呈現的和諧的情態，很輕

逸的表達了出來，同時更處處充滿著對自然、對生命與愛情的玄想。」

　　林泠迄今出版二本詩集：《林泠詩集》，一九八二年五月版；《在幽靈與植物之間》，二〇〇三年一月初版；皆由洪範書店印行。

　　※賞　析：

　　這是一首柔美婉約的抒情詩，楊牧讚美它「為近三十年臺灣的現代詩決定一種不可忽視的抒情音色，從嚴謹中體會自然，於規律中見流動轉折。」全詩的主要意象是「阡陌」及「鷺鷥」。詩人以阡陌喻人，男女兩人雖有「縱」與「橫」的差異，卻能「平分天體的四個方位」，每人各占四分之二或南北，或東西。鋪陳了一個愛情的場景，詩人以縱橫的天體轉換成人間的田隴，產生了意象流動的美感。這是第一段詩的開始。

　　第二段，說明情人各自來自他們自己的地方，從這兒經過，卻偶然相遇，而且「畢竟相遇」強調緣分的必然性，「四周是注滿了水的田隴」，可以說愛情像澄澈透明的水田風光，充滿了純潔無邪的情思。

　　第三段「鷺鷥」被帶了進來，停落其間，暗示有幸福的可能。然而他們在寒暄之後，還是要互道再見，各奔前程。兩人以「沉默相約」，表示心照不宣，然後翻越遠遠的兩個山頭在山上互相遙望，既相愛卻又無可奈何。括弧中的「一片純白的羽毛輕輕落下來」，表示幸福的鷺鷥已飛走，暗示純潔的愛已無結合幸福的可能，空留下遺憾。

　　末段這一隻代表幸福的鷺鷥飛走了，只留下一片羽毛，表示只留下那份純純的愛，但他們都希望，幸福像一隻白鳥會悄悄下落，悄悄來到，表示兩人還是渴望幸福的愛情，但是幸福就像白鳥—鷺鷥一樣，它是長著翅膀，隨時會飛走的。詩人以一個未完成的句子，來表示希望的動搖與不確定感。全詩以「阡陌」來象徵人生的際遇，偶然相遇又必須分離，讓人讀後沉思回味不已。

24、繩索繫不住我

—— 析林泠〈不繫之舟〉

※詩

沒有甚麼使我停留
　——除了目的
縱然岸旁有玫瑰，有綠蔭，有寧靜的港灣
我是不繫之舟

也許有一天
太空的遨遊使我疲倦
在一個五月燃著火焰的黃昏
我醒了
　　海也醒了
人間與我又重新有了關聯
我將悄悄自無涯返回有涯，然後
再悄悄離去

啊，也許有一天——
意志是我，不繫之舟是我
縱然沒有智慧
沒有繩索和帆桅

※**作者簡介：**（請參閱前一首作者簡介）

※**賞　析：**

第一段說自己像一艘綁不住的，無拘無束的船，縱然岸旁有綠蔭、玫瑰和寧靜的港灣，也就是說美景、誘惑以及可以受庇護，若是沒有特別的目的，她是不會停留的。表示意志堅決，不達目的，絕不罷休。

二段表示也許有一天，在太空遨遊倦了，她會找一個五月燃著火焰的黃昏，在那樣美的時刻，所有的一切都醒了，流浪的我和我所遨遊的海都醒了，此時人間和我又重新有了關聯，所有人世間的親情包括父母、師長、朋友……等等都和我又有了交集，但我仍然會再悄悄的離去，雖然這次我是從無涯的流浪，返回有涯的人生，但我仍會再離開。

末段更加清楚表明自己流浪遨遊的意志堅定，即使沒有智慧，沒有船上的繩索、帆纜和桅竿，但我是一艘綁不住的船，我有我遠航的志向。整首詩一直以「沒有」、「除了」、「縱然」、「也許」等否定猶疑的語詞，來對比「我是不繫之舟」的堅決，其意志之堅定，令人印象深刻。

25、在深海裡敲擊音叉

── 析洪淑苓〈醉〉

※詩

　　你是我舌尖的一滴酒
　　我始終不敢說出我的醉
　　當愛情和酒徒相遇
　　我選了迷茫

　　在深海裡敲擊音叉
　　海豚聽見了
　　水晶杯與之共振
　　我的心為什麼
　　也跟著搖擺、搖擺
　　不斷地搖擺

　　如果愛情向我舉杯
　　我怎能一仰而盡
　　凝視水晶杯
　　折射每個角度的你
　　你是我舌尖的
　　一滴酒
　　一顆淚
　　一場無法分解的
　　醉

　　　　（原載八十六年十二月　現代詩　復刊第卅、卅一期合刊）

※作者簡介：

洪淑苓，臺北市人，民國五十一年（一九六二年）生，臺灣大學中國文學博士，現任臺灣大學中文系副教授。曾獲教育部文藝創作獎、臺北文學獎、優秀青年詩人獎，著有詩集《合婚》、《預約的幸福》及散文集，學術論文集多種。詩作曾入選各種重要文學選集，至今仍創作不輟。

※賞　析：

這是一首愛情詩，張默曾把它選入《八十六年詩選》，並讚美是一首在不經意間，致力捕捉某一種出神的抒情狀態，一首搭配佳妙，起落有致的抒情小夜曲。

第一段寫你我相遇，產生了愛情的火花，年輕人說「來電」，你是我舌尖的一滴酒，暗喻自己碰到你就醉了，但始終不敢說出自己的醉，也就是愛意，有點羞答答的樣子，不過即使再害羞，當愛情來了，作者以酒徒和愛情相遇暗喻，我寧可選擇醉茫茫，為愛而醉。

第二段描寫愛情來電的神祕，它像深海裡的音叉，一經敲擊，海豚聽見了，明喻自己感應到了，並且像水晶杯發出純潔的光芒與之呼應，與之共振，作者以問句問自己的心為什麼跟著搖擺，意味著愛得連自己也不明白何以如此。

第三段描寫已經開始戀愛了，愛情向我舉杯了，我怎麼可一飲而盡？我要慢慢品嘗啊！慢慢的凝視水晶杯，凝視愛情，看它折射出每一個角度的你，所謂情人眼裡出西施，越看越美，竟至於變成我舌尖的一滴酒，一顆淚，就這樣為愛而醉茫茫下去了。一滴淚表示愛到極點，感動落淚。

26、裁縫車直直紡

── 析洪淑苓〈阿母个裁縫車〉

※詩

雙腳踏落去

白色个棉紗線開始紡

阿母个裁縫車仔

車尪仔車貓仔車狗仔団

車一條闊闊个路

乎阮行

自小學到大學

阮學寫ㄅㄆㄇ擱ABC

阿母攏是佇人客廳

甲伊彼臺裁縫車仔做伴

正手掄落去

白色个棉紗線就開始紡

阿母个裁縫車仔

逐暝逐日若親像走馬燈

直直紡　直直走

甲時間當作一塊布車落去

愈轉愈細粒个線軸

就親像伊愈來愈少个頭毛

愈走愈遠个線頭
就親像阮
出外吃頭路
順煞結婚生团

阮今麼想要甲阿母鬥穿針
坐飛機嘛要幾半天
阮常常佇咧想
想要叫阿母踏裁縫車仔
甲阮个思鄉夢車一條拉鍊
想著伊个時準
就甲拽開
阮就看著
阿母个裁縫車仔
甲彼粒棉紗線
直直紡　直直走

（原載八十七年十月七日《臺灣日報》副刊）

※**作者簡介**：（參閱前一首作者簡介）
※**賞　析**：

這是一首閩南語詩，由於平易近人，故事生動，親情感人，適合做閩南語教材。本詩以閩南語朗誦，必定極為生動有趣，韻味十足。

詩分三段，第一段寫作者從小到大，母親一直踩著裁縫車，為她們做尫仔（洋娃娃）、貓仔、狗仔团等布偶。第二段描寫裁縫車的棉紗線愈車愈長，就像孩子長大了，離家越

來越遠，直到在外做事吃頭路，結婚生子。第三段描寫作者
此時反而越想念母親，希望馬上坐飛機回去，可是坐飛機也
要半天。希望母親幫她縫一個思鄉的拉鍊，一拉就回到家了，
多快。而母親的裁縫車此時還是一直車一直紡，永遠在作者
的腦海中，無法淡去。

　　詩中既刻畫臺灣早期的艱苦生活、婦女的堅毅性格，也
寫出了孺慕之情，在孝道普遍不受重視時，本詩特有教孝功
能。

27、煮茶的心情

── 析林煥彰〈一壺煮過的茶〉

※詩

沒有什麼不可以
桔子加現實加低落加情緒，一起
煮

曾經放過砂糖、烏糖、冰糖、代糖
也放過夢想
剩下的半壺，
一半等你，半溫半涼

另一半，等明天
等我想起上個世紀的
某一天和某一天的夜裡……

沒有什麼不可以，曾經想到你
在二十一世紀一百年以後的今天，
今天的下午，一壺煮過的茶
已經涼了

（選自《聯合文學》第二二三期二○○三年五月號）

※作者簡介：

　　林煥彰，臺灣省宜蘭縣人，民國二十八年（西元一九三九年）生，曾為「龍族詩社」發起人之一，中國海峽兩岸兒童文學研究會、中華民國兒童文學學會理事長，在國內外獲得多種文學獎項。

※賞　析：

　　這是一首利用泡茶煮茶述說人生體悟的詩。

　　第一段寫已經看透人生，歷盡千帆了，凡事「沒有什麼不可以」，既瀟灑又無可奈何。此時煮茶，把人生的現實，加上低落的心情，再加混亂的情緒一起煮，不難體會其中況味。

　　第二段以煮茶喻人生，過去曾經放過砂糖、烏糖、冰糖、代糖，凡能增加甜味的都放了，但過去的日子，是苦是甜，唯有寸心知。當然也曾有夢想，但一生過得差不多了，如煮茶只剩半壺，這半壺就在等你，半溫半涼，已不像當年熱情如火。如今就只剩半壺半涼的茶了。此處的「你」，可以是情人，也可以是真理，若只是等情人，此詩意涵就差多了。詩人的前半生努力，心中一定有一把理想之火。

　　第三段，茶還剩一半，卻要等明天，等詩人想起上個世紀的某一天和某一天的夜裡……。可見不是那麼單純的等情人了，果然是等待明天，明天是未來，代表理想、希望，而且是等詩人想起上個世紀的某一天和某一天的夜裡。這一天沒有指明是哪一天，沒有指明是哪一天的夜裡，應是泛指過去某一個時光，詩人心中曾經燃起火一樣的希望，他希望用另一半的茶，等明天再想起，表示詩人並不放棄。

　　末段寫理想一直無法實現，難免心灰意冷，因此再一次表示「沒有什麼不可以」，算了，雖然曾經想到「你」，「你」代表理想，也代表他心目中的哲人、古聖先賢；但時間已是二十一世紀了，一百年後的今天，今天的下午，一壺煮過的茶都已經涼了，而你呢？我心中的理想呢？你在何處？「哲人日已遠，典型在夙昔」，不免令人感嘆真理之難以追求啊！

　　此詩利用虛實交織的美學，呈現出雋永耐讀的韻味。表面上的詩人似乎是失望的、悲觀的，但他等待的心情依然不變，即使茶都涼了，他仍然在那邊苦苦守候，顯示他永不放棄的堅持。表面消極，而骨子裡是積極的。

28、到處見到一行詩

── 析林煥彰〈我，胡思亂想〉

※詩

我，冷眼旁觀：
一對青年男女，當街擁抱
──── 是一行詩。
一個少婦牽著一個學童，在紅磚道上漫步
──── 是一行詩。
一個衣衫襤褸的街民，在垃圾桶裡翻找食物
──── 是一行詩。
一個老人抱著膝蓋，蹲在地下道陰暗處打盹
──── 是一行詩。
一個妙齡女郎露著肚臍，站在十字路口等綠燈
──── 是一行詩。
一個喝得爛醉的男人，在陸橋底下
──── 是一行詩。
一個攤販拿著紙筒喇叭，攔截路人叫賣女性內衣
──── 是一行詩。
美國飛彈轟炸巴格達市區，在電視螢屏裡瘋狂燃燒
──── 是一行詩。
我，胡思亂想，眼淚淅瀝嘩啦
──── 是一行詩。

（選自《聯合副刊》二〇〇三年六月二十日）

※作者簡介：（參閱前一首作者簡介）

※賞　析：

這一首詩是利用八個獨立的事件，組合成的一首詩。

詩一開題，作者就說他冷眼旁觀，把觀察到的街頭事件，抽樣寫出幾個比較特殊的，然後戲稱每一個事件都是一行詩。如此一個事件接一個事件寫出來，就成了一行一行的詩句，最後構成一首詩。有後現代的拼貼味道。

第一個事件是一對青年男女當街擁抱，是一行詩。作者什麼也沒有說。然後是少婦牽著一個學童，在紅磚道上漫步，也是一行詩。這兩個事件，應該是幸福快樂的，雖然作者什麼也沒有說。

接著鏡頭一轉，是一個衣衫襤褸的遊民，在垃圾桶裡翻找食物，一個可憐的人。再下來是一個老人抱著膝蓋，蹲在地下道陰暗處打盹，是一個來日無多的人。這兩個鏡頭是屬於不幸的人，雖然作者什麼也沒有說。

第五個鏡頭是一個露肚臍的妙齡少女在十字路口等紅綠燈，有些暗示社會的浮華面。第六個鏡頭是一個喝得爛醉的男人，躺在陸橋底下，暗示社會的奢華或頹廢。

第七個鏡頭又回到貧苦的人。一個攤販在叫賣女生內衣，作者沒有描寫他躲警察，但那是下階層人的生活，與前面浮華奢靡形成強烈的對比。

第八個鏡頭最令人痛心，電視螢光幕上出現美軍飛彈轟炸巴格達市區，火正瘋狂燃燒，表示世界仍不和平，仍有戰爭，仍有無辜的老百姓受害……

於是這些畫面，終於使作者因痛心、難過而淚流如雨，這就是一首詩，它是反諷的話。詩人是真有所感才寫成的詩，

表面意義淺顯，但內涵深刻，是一首好詩。聯合報系曾在捷運中山站地下街，把這一首詩做成形象廣告展出，供人觀賞，時間長達一年多，獲得很好的回響。

　　林煥彰在〈詩的告白，談　曬衣服〉一文曾說：「寫詩，我認為是：寫我所關心的事。因為『關心』，所以有些事情、有些想法，經常會在腦中浮現，或潛意識的隱藏在腦子裡，遇到某種外在事物的激發，產生關連性的聯想，就會有具體的形象將抽象（或概念式）的思緒凝聚起來，而有強烈的表現慾望，那就是一種寫詩的動機。有了『寫詩的動機』，通常我的第一個步驟，是尋找『想像的合理化』。這裡所說的『尋找』，就是用腦筋『思索』或『思考』；是要使自己所想像的事件，在詩中呈現時，能得到或做到可以『自圓其說』的地步，才能贏得讀者的認同。」（刊於《乾坤詩刊》十八期），這段話也可當作此詩的註腳。

第 二 輯

輯前說明：

本輯原刊於《詩報》、《文學人》及《乾坤
詩刊》。刊時未做作者介紹，現在這些作者
均已廣爲人知，就不再加註，以省篇幅。

1、廚房裡的華爾滋

── 析陳黎〈廚房裡的舞者 ── 給母親〉

※詩

二十五年如一日

你在偏僻的花蓮

半工半讀地讀著你的大學

洗衣，買菜

上班，煮飯

繁重的課業剝奪了你的遊戲時間

你沒有音樂課

沒有美術課

沒有一週三節的郊遊時間

沒有逐月比賽的迎新送舊

愛是你的學號

憂慮是你最親密的字典

你晚睡早起地苦讀

戰戰兢兢地筆記著偷聽來的重點：

只有給予

給予是一切考試的重點 ──

日日夜夜

我看到你背著大書包上下課

在微亮的燈前

在風緊的黎波里單車路上
比書蠹還勤奮地啃著
生活的課本。

二十五年如一日
我看到你用淚汗的墨水書寫答案
寒夜星光尖若筆
對窗畫夢如有神
日考、月考，一張
再一張 ——
你苛刻的老師卻不能滿意
你的成績
你的兒子一個個北上求學
一個個畢業了
你卻仍留在你的大學
重修家事
補考勞作

我不知道是不是連年留級
終於鬆弛了你對學業的堅持
讓四育不均衡的你開始了解到
美育，體育的重要
青春，健康的可愛
夜闌星稀
當我改罷學生考卷走過你的教室
我忽然聽到一隻熟悉的華爾滋

自半暗的廚房傳來
看到仍然年輕的你抓著一台小錄音機
渾然忘我地舞著
冰箱不在
電鍋不在
我彷彿聽到櫥子裡碗筷都齊聲拍手
為你伴唱
跟著蕃茄、檸檬
苦瓜、包心菜……

一九七九‧十二

※賞　析：

這是陳黎早期的作品，寫得十分具體傳神，不會記流水帳，詩中幽默、風趣，寫盡了天下母親的辛苦、偉大，雖是個人的獨特感受，卻寫出天下親情的共相，具有「以小暗示大」的美學價值。

詩一開始，陳黎就很風趣的說在家做家事的母親是「半工半讀的讀著你的大學」，這種學校當然只有洗衣、買菜、煮飯，當然沒有音樂課，沒有美術課，更沒有郊遊、烤肉，也沒有迎新送舊。不會枯燥乏味的敘述，描寫得很生動有味。尤其「愛是你的學號／憂慮是你最親密的字典」最傳神，寫盡了天下母親的特色。一個看似平凡的母親，她的考試重點是給予，她的課本，就只有生活，她的偉大形象，立刻浮現眼前，聞聲見相，讀這一首詩，自自然然的在腦中浮出母親的偉大形象，詩藝可見一斑。

　　第二段仍然十分幽默，卻更令人心痛難忍，原來母親是「用淚汗的墨水書寫答案」，她有永無止境的日考、月考，且一再「重修家事，補考勞作」，兒子的學業畢業了，而母親永遠畢不了業，簡直字字帶淚，詩寫到這種地步，真是令人嘆爲觀止。

　　第三段更傳神的寫出母親的生活，「電鍋在右，冰箱在左」，「跟著蕃茄、檸檬、苦瓜、包心菜……」，好像母親在跳華爾滋，這就是天下母親的共相。淡筆寫濃情，生動有味，風趣十足，可以一讀再讀。

2、月湧大江流

── 析陳黎〈對話 ── 給大江光〉

※詩

　　在指揮家小澤六十歲生日音樂會上，聽到小
說家大江智力障礙的兒子二重奏的新作。俄裔流
亡的年老的大提琴家，阿根廷裔明艷的女鋼琴
家。他們在對話。陰影如何編織桂冠，缺憾如何
包容花容。生命的土石雲雨，文字與音樂的光。
在時間的河流上飛行，飄飄何所似。放逐，回歸，
懸宕，解決。C 弦與染色體，痛苦與愛。在我的
右聲道故障以至於重播時雜音不斷的錄音機上。
我清楚地聽見微風吹過岸上的細草，星垂於忽然
間寬闊起來的我的胸胛。在午後的，孤獨的跨國
旅行裡，欣然亮出老病的前輩旅行者千年前發出
的護照：

　　月湧大江流。

※賞　析：

　　讀陳黎的散文詩〈對話 ── 給大江光〉，忍不住低首沉
思了好久好久。這是詩人感受到一種生命的不完美，進而嚮
往完美，所譜寫的一段心路歷程之詩篇。

　　詩中對話的主要對象是大江光，是一九九四年得到諾貝

爾文學獎的日本作家大江健三郎之兒子。很不幸的,大江光出生不久即動腦部手術,在生理上和智能上都產生了極大的影響,直到三十二歲才練習作曲,卻得到日本及國際社會的肯定。這首詩就是因聆聽大江光的音樂會而產生的聯想,包括中國詩人杜甫的詩作〈旅夜書懷〉都參插在其中,所完成的一首感人的作品。

　　這首詩有許多優點,第一,作者以大江光的名字,分別聯想到大江和光,因此杜甫的「月湧大江流」,遂自然然的出現在詩中。「江」和「光」的意象,使這首詩突出了「時間的河流」和「文學與音樂的光」兩個主題。

　　第二,對比技巧的使用:年輕與年老的對比,如「指揮家小澤六十歲」對比「年輕的大江光」,「俄裔流亡的年老大提琴家」對比「阿根廷裔明艷的女鋼琴家」,「陰影」對比「桂冠」,「缺憾」對比「花容」,「生命的土石雲雨」對比「文字與音樂的光」。「放逐」對比「回歸」,「懸宕」對比「解決」。其中「C弦」對比「染色體」,因而產生「痛苦」對比「愛」,最最痛擊讀者的心弦。C弦明指大江光的音樂天份,染色體卻暗示大江光無法改變的基因缺陷。在在令人既欣賞其才華,又痛惜老天為什麼開這麼大的玩笑。

　　第三,以意識流的手法呈現:杜甫的詩〈旅夜書懷〉中的「細草微風岸」、「星垂平野闊」及「月湧大江流」,等句子或字眼,隨作著意識的流動而進入詩中,產生了一種古今輝映,生命時空交錯的共鳴,特別耐讀。

　　第四,高度的暗示技巧使用:當詩人寫到「痛苦與愛」的對比,暗示大江光的父親因感激音樂讓兒子找到生命的出

口時，宣佈「至少短期內不再寫作」，那種痛苦與愛的決定，實在令人動容。接著詩人寫到「在我右聲道故障以至於重播時雜音不斷的錄音機上……」，更令人感到詩人的仁慈。一般人都會拒絕不完美，但詩人即使錄音機雜音不斷，還是喜歡聆聽，暗示詩人對上帝讓大江光能擁有音樂，實在太感謝了。

　　評論家奚密對陳黎的作品〈貓對鏡〉十分欣賞，她說：「其語感幅度之大，跨越文言與白話，古典與現代，抒情與寫實，豐腴與內斂，華麗與俚俗。詩人隨手捻來，點鐵成金。」並評這首〈對話 —— 給大江光〉，認為是〈貓對鏡〉中最感人的作品。

3、心頭狂飛的蓬草

── 析陳義芝〈我思索我焦慮〉

※詩

有人問
為什麼獨留一朵紅花在枝頭
我說像那懸絲玩偶的命
背後也總有一隻手

有人問
為什麼設下一重又一重的門
我說要安定人哪
一顆顆左顧右盼的心

有人問如何去到
山的頂上，森林原始，彩虹的另一端
我說雷雨的清晨望日出
夢是一條出路……

但無人問
童話究竟是什麼顏色
也無人答
像等待延長的那串音符嗎

一部汽車甲蟲般越過丘陵地
一列火車在海藍天空下馳過平原
黃昏升起了倦意
港灣中的大油輪眨眼就
消失不見

這世界，彷彿有人
其實沒有
我握筆沉吟中看到
心頭狂飛的蓬草

民國八十一年九月完稿，原載《聯合副刊》

※賞　析：

啊！詩人是不幸的人類之代言人，他替我們對生命發出了聲聲的叩問。原來每個人後面都有一隻手，一隻操弄的手，一隻擺佈你命運的手。

原來命運是一道又一道的門，一道一道的關卡，人心是如此的不安浮動。仁慈的詩人，竟然想安天下人的心，想安定那些左顧右盼的心。

原來希望那麼遙遠，在山頂上，在森林的原始中，在彩虹的另一端……。原來希望如此渺茫，竟如雷雨的清晨要望日出，那幾乎是作夢。

原來大家都不再天真，不再關心童話究竟什麼顏色，人們都冷漠，不再回應，都像等待那串延長的音符，茫然的等待。

生命都照常在活動，汽車、火車照樣馳過、駛過，可是為什麼黃昏升起了倦意，是什麼原因讓人如此沒有希望，活得像行屍走肉？人生如此無常嗎？大油輪怎麼就轉身不見了？鐵達尼號的命運嗎？痛！痛到極點的書寫。

啊！握筆的詩人，為什麼心中的紛亂如狂飛的蓬草？那不是我的心嗎？詩人道出了多少亂世的苦悶人心。他是他們的代言人。

我讀這首詩，感覺詩人真正是「風聲雨聲讀書聲，聲聲入耳」，感覺他真正是「家事國事天下事，事事關心」的人。他把自身獨特的感受，化為普遍人生的共相，把詩的社會價值及美學價值，提昇到很高的層次。它像暗夜的指南針，茫茫人海中的星光，指示我的方向，溫暖我的心。

4、削出暗藏的心事

─ 析陳義芝〈燈下削筆〉

※詩

燈下削筆
有很多白天不便細述的事
藏在心底
趁此一刀一刀削去

模糊的光從兩眼穿出
其實說了也沒人懂它啊
暗恨多深刀削也多深
影子低了頭不願再說話

要怎樣才能摘下面具
削掉虛假的臉皮
什麼時候才敢掏心
向誰表露自己的清明

江湖須面對
惡劣的氣候同時必須
燈下削筆自有寬廣的嚮往之地
但只能在心的版圖上將它占領

有時不免還要撤離
局促於規矩一筆一畫
儘管書寫起來並不歡喜
仍舊姓名年齡經歷及其他

乞求了解的心
先跪下，像夜雪飄零
然後，筆才能在千萬隻焦灼注目的眼中
晨光般精神地站起

民國七十六年四月完稿，原載《中央副刊》

※賞　析：

啊！詩人怎麼一下筆，就說中了我的心事？很多事情，在白天，在人群中，我是不便也不會說明的，只有此刻，在燈下，我才會大膽的寫出，削筆喻寫作，多傳神，也好像在削我的心，讓心淌血。

其實我真的很傷心，淚悄悄的流下，兩眼模糊了。我寫了，說了，也沒人懂啊！我內心的恨有多深，我削下去的力道就有多深，然而我真的很傷心，傷心到連影子都不願說話。

我很想摘下面具，真誠的對人，不要用皮笑肉不笑的臉孔對人，對任何人都可以掏心，可以不必提防別人，可以表白自己清明的心跡。但是，反諷的是，我能嗎？

啊！險惡的江湖需要面對，惡劣的環境氣候也要面對，我不得不如此啊！只好將心事，用筆寫出，即使方寸之地，我占領得十分安心，不必怕人陷害。

　　然而，不能只在心中書寫，而且要寫得規規矩矩，心中不歡喜不願意，也只好如此啊！詩人寫出了我當年就業的心酸，如今還有多少人猛寄履歷表啊！

　　詩人最後寫出了我的心聲，我也是盼望被人了解的人啊！我像夜雪飄零的心情，向你低頭，向你跪下，乃不得已必須面對的現實啊！但是我雖然表面低頭了，但骨子裡仍在乎尊嚴，我會在千萬人的注目中像是光一樣，精神十足，自信滿滿的站起，詩人寫出了我將奉獻文學的自豪。

　　最近外面環境不好，閉門寫作之餘，讀到詩人〈燈下削筆〉的好詩，和不久前讀余光中的〈守夜人〉一樣，內心獲得無比的安慰。陳辛評此詩「在小我的天地中謙卑跪下，在大我的天地中巍然站起」，也正是我此時的心情。

5、誰能看見它噴著淚水

── 析蘇紹連〈候鳥倒影〉

※詩

　　1、

樓窗

映著飛行的候鳥倒影

閃逝的黑體字，撞擊整片天空

墜落

成為街道上無名的屍骸

被報紙聳動的標題文字圍觀

千里蜿蜒的故鄉山水

如迎靈之伍

列隊而來

　　2、

陽光從玻璃窗的裂痕中穿入

無聲無息攀越杯緣

我該如何啜飲晨間的檸檬水

像是血，它綠著綠光

我該如何削去多餘的肉體顫慄

以飛翔之輕

飛翔
我該如何給予眼睛
看見，白天之黑

　3、
陽光起身離開
圓形的杯口光芒閃爍
方形的桌巾陰霾下沉
沒多遠
陽光在未知的空間裡焦灼而亡

誰能看見它的哀傷

　4、
這裡已形成
過境的巡禮廣場

廣場中央的眼睛
誰能看見它噴著淚水

廣場周圍無形的腳印
誰能看見它的去向

廣場上空烏雲的翅膀
誰能看見它的拍動
虛幻的倒影飛行

在晨間的窗口

※賞　析：

這首詩寫進我心坎。

2005 年 3 月 1 日在《聯合副刊》上讀到這一首蘇紹連的詩〈候鳥倒影〉，心情受到強烈的震盪起伏，久久不能平復。它直接擊中我的要害，彷彿刻劃我近日的心情。

我彷彿看到有成群的候鳥在飛行，五十年而未能回返，牠們看不清那是樓窗或天空，牠們撞擊墜落成為街道上無名的屍骸，故鄉山水在千里外蜿蜓，彷彿迎靈的隊伍列隊而來。

我應該有眼睛可以看見這白天之黑吧，陽光射進來，應該有一線希望，應該如同我晨間在啜飲著檸檬水，閃爍著綠光，我應該可以去掉一些體重，身體輕盈的飛翔起來，如同候鳥，飛回故鄉。

但是連一線希望也不給我，陽光走了，杯口仍然光芒閃爍，桌巾陰霾下沉，陽光它因焦灼而亡，我的希望也因而幻滅。可是誰看到它的哀傷？誰又看到我的哀傷？

這裡真的已經變成了所有人的過境巡禮廣場，誰都來了就走，為何獨獨我走不了？

這個廣場中央有無數人的眼睛在流淚，可是誰又看見了？人們為何而流淚？

這裡有許多無形的腳印，誰又看見了它的去向？人們應該何去何從？

廣場上空連烏雲都有了翅膀，那是我心中的願望啊！我真想振翅起飛，可是誰又可看見了它的拍動？誰管你要飛去哪裡？

　　我這樣的希望變成一種虛幻的倒影飛行，只能在晨間的窗口等待，也許會變成真實也說不定。

　　那是我讀詩的真實感覺，在這個紛歧的時代，四分五裂的時候，那些回不去故鄉的候鳥，紛紛撞斃在窗玻璃之下？

　　已經很久了，讀詩讀完了毫無感覺，今天我總算被一首詩狠狠的擊傷。經過好久好久，我才從嚴重受傷中漸漸恢復過來，心仍在淌血。

　　這是一首很好的敘述詩，濃縮得像原汁的雞湯，很久了，我讀敘述詩實在感覺不如讀一篇散文。二十幾年前我就說過，蘇紹連有一把很好的雕刀，如今，他的刀又出鞘了，而且雕出一首很好、很細緻動人的詩。

　　這是一首把這個地方的矛盾刻劃得很傳神的詩，它不是口號，也不是宣言，但實在深深震撼人心，這不是一個有人流淚，有人不知方向，有人想振翅高飛的地方嗎？這種真實情形的刻劃，為這個時代留下了一首像攝影的詩，留下了一座詩的雕刻，你又何忍心用你頑固的意識形態去攻擊它，它確實是一首有意識形態的詩，但那是真的詩，真的藝術品。我在想，有意識形態又何妨？百花齊放又何妨？重要的是如何使意識形態化為藝術，成為詩，而不是赤裸裸的宣言或口號。

6、不曾遇見森林

── 析陳克華〈行道樹男人〉

※詩

「每一棵行道樹都自然而然
生長出一種不同於野地生長的姿勢……」

是嗎？我狐疑著
行過一座又一座無限擴張的城市
遇見一棵又一棵，千千萬萬拘謹又馴服的行道樹

以及城市城市之間
仿同著城市的
較小規模的徵

一如遍佈的戰場遺址
城市的骸骨橫山遍野

不曾遇見森林。

※賞　析：

　　這一首詩狠狠的刺入了我的內心，它雖不崢嶸，卻如此奇特。是什麼樣的詩人，有這樣的眼光？看到的男人都變成

一棵棵的行道樹：拘謹又馴服的行道樹？

　　他有什麼怨嗎？他在向上帝抗議：「為什麼每一棵行道樹自然而然都長得和野地生長的樹不一樣？」詩人走過一個城市又一個城市，看到一座又一座無限擴張的城市，遇到的行道樹都被侷限在那一小塊地上，如同他遇到許多城市的男人，都被馴服得像乖乖的行道樹？

　　他還有什麼怨？這些行道樹，不，這些男人都變成城市之間的黴，多麼恐怖！是渺小？還是不潔？黴是不是人人避之唯恐不及？這是上帝錯了嗎？

　　整個城市竟然如戰場遺址，滿山遍野遍佈遺骸，他們為什麼長不成野地的樹木，長不成森林？詩人悲憤到了極點。

　　寫詩有「情動於中而行於言者」、「人稟七情，應物斯感」及「氣之動物，物之感人」等說法，詩人內心受到怎樣的煎熬逼迫？竟然他眼中的男人都變成「行道樹男人」？整個世界的樹林都長不出在原野的樣子？整個世界無法看到森林？整個城市有橫山遍野的戰後骸骨？太神奇了，太恐怖了！

　　詩人在堅持什麼？是李商隱的「春蠶到死絲方盡，蠟炬成灰淚始乾」？還是屈原的「路漫漫其修遠兮，吾將上下而求索」？還是李白的「永結無情遊，相期邈雲漢」？

　　葉嘉瑩說：「詩人的感情都是敏銳的，他們的悲傷，有時是因為對未來的聯想，有時是因為當時情景的對比和反襯，有時甚至並無道理可言，純屬一種直感。」你是屬於哪一種？你的詩是「九歌」還是「天問」？你在抗議些什麼？不滿些什麼？我竟在你的詩中，讀到你的憤憤不平，你的詩，像徵著你的鬱悶。既非言官場失意，又非言事業失敗，也不是情場敗將，何以如此悲觀失望？

　　我彷彿看到一棵本來應該立在原野的大樹，如今被種在行道樹之中，整齊劃一，沒有自己，不能自由伸展生長，它乖順而鬱卒，不得不如此，詩人為某些如行道樹的特殊族群抗議，苦心令人動容。

　　你是否有辛稼軒的期望：「我看見青山多嫵媚，料青山見我應如是」？而誰又是你的青山？你的青山都變成一棵棵乖乖的行道樹，你到那裡去看青山、找森林？

　　有人說有些詩「妙在相外」，意思是無法用語言解釋，我讀這首詩也是如此感覺，我就不在「技巧論」上下功夫，也不在內涵喻指上下功夫，我把我的直覺寫出來，那就是「妙不可言」。

　　我感覺你不是一個向外追求的詩人，從這一首詩中，我知道你有一個屬於自己的世界，這個世界和傳統的規範、禮儀、習俗有格格不入之感，所以你希望超脫俗見，用一種最純真、最瀟灑、最自然、最沒有虛偽的態度來面對世界，如同這些行道樹男人，你掙脫不了世俗的眼光，俗人的看法，會把你們砍成遍地屍骸，更不要說自自然然成長為森林。

　　這首〈行道樹男人〉雖然以行道樹明喻暗諷某些「奉公守法的男人」，但還是詩人最直率沒有太多轉折的詩，這樣的詩最能使人有所感發，我想起了劉勰在《文心雕龍》評價嵇康的率直：「叔夜儁俠，固興高而采烈。」指的就是這種興發感動的力量。又鍾嶸在《詩品》也評了嵇康的此一特質：「過為峻切，訐直露才，傷淵雅之致，然託喻清遠，良有鑑裁，亦未失高流矣！」轉而用來批評前引〈行道樹男人〉亦頗為適合，如此強烈直率的詩文，豈能不產生感發的力量？我再三拜讀，忍不住寫下這些雜亂的感想。

7、夢翻過鐵蒺藜

── 析丁文智的〈聚說之間〉

※詩

> 此刻
>
> 除一些自剖式表白
>
> 搶眼的是酒趣
>
> 是聳動耳語
>
> 其次，才是冷熱互為的恣意調侃
>
>
> 率性如此
>
> 終因一同揪過心抵過足　扮過
>
> 不知死為何物的鐵蒺藜
>
> 而抵禦在接戰邊緣的這夥
>
> 謙謙追風少年
>
> 竟能逾越陣地
>
> 三五成群爬上了人們仰而望之的詩壇
>
>
> 若說潛藏在自負中的排他性　越深
>
> 就越發難以接納
>
> 那些自我之外的勸說
>
> 那麼
>
> 何以仍能敞開心胸

聚其所聚非其所非那樣
成群結隊　在
書店　藝廊　小酒肆
呼嘯成一群無所不啃的蝗蟲

許是　生程中
用心剪裁出的那一片春綠
乃被兩片厚而圓的玻璃
切割成秋　後
泛黃的青春
就這麼一聲不響地　縐了

當理想　抱負　追求
在人生選項裡如同一一摃龜的樂透
於是　這
「醉鄉天地自然寬」的憂愁說
便頻頻催你舉杯
因而　酒
不知不覺已變成你生活中的一帖安慰劑

這又是怎樣的一種機緣
星散了的
隨一席酒酣
就能把老得不能再老的話題找回

不知是酒精作祟

抑是泡酸的心情發酵
不然怎會有那樣的諍言盤詰
一下子咄咄成決堤的洪水
差一點就危及
一同走過生之危橋時的
那些值得回憶的險步

可不
人生都無常到這般光景了
還能講求事事圓滿圓熟與圓融
相信　只要心田未貧瘠
何愁收穫不到「地糧」
飲了吧　那就

醉眼迷朦中
大夥坦承已失去的夠多
又逢生之行程的末段小路
心中縱有如許不快
也要以淚把它洗乾

牽起友誼的手　哥們
別老向逝去的昨日回顧
第二春的青蔥
須有寬廣而厚實的心地始能育成
那就先起耕
以我這張老而未鏽的堪堪之犁

就在這渾然不知的醺醺然裡

寫詩的君子不再謙謙

他們脫去斯文的外衣

為酒測一己之深

而就不顧死活的拼酒膽

誰知酒膽之後又拼話題

直至有人說了這句

「野菊不可移入室　　如同

流言不一定死於不流傳」閒話後

大家先是錯愕

然後是人醉　　酒寂

原載《創世紀詩雜誌》140、141 期 2004 年 10 月出版

※賞　析：

《創世紀》五十週年紀念號（第 140、141 期合刊），刊有丁文智佳作〈聚說之間〉詩一首，讀後令人頗有感觸，不覺再多讀了幾回。這是一首很好的敘述詩，有事件、有人物、有感懷。讀著，不自覺加入了他們的聊天、飲酒、暢談人生的行列。在品詩之間竟然也浮一大白。

第一段，描寫一群人，又是「自剖表白、又是酒趣聳動的耳語、又是恣意的調侃冷熱互為」，寫盡了這群人的瀟灑不拘，放浪形骸，逼真的人物，如同在眼前。

第二段，正式點名這是一群當過兵，翻過鐵蒺藜，在戰爭邊緣的追風少年，抵足交心，逾越原有的軍人陣地，竟然

三五成群的爬上了詩壇的高峰，令人仰而望之，真是不可思議，可以說是這一代的奇蹟。

　　第三段，描寫這群有自負性且有排他性的軍人，無法接受自我之外的勸說，仍然我行我素，敞開自己的心胸，聚集一些同好，非其所非，成群結隊在書店、藝廊、小酒肆，像一群無所不啃的蝗蟲，充滿求知慾，力爭上游，不落人後，用「呼嘯」兩字，最能傳神這一群人的樣態。

　　第四段，描寫這一群人的一生，從青春的容顏，一路努力進修，眼鏡的度數加深了，成了兩片厚而圓的玻璃，人生竟也由春綠被切割成秋了，青春泛黃了，皮膚皺了，什麼理想、抱負、追求，都像「摃龜」的「樂透」，只有酒是生活的一帖安慰劑，在現實人生中，他們並不得意。

　　第五段，描寫他們這群人雖然有時星散，但許多機緣仍能讓他們一起酒酣耳熱，找回老得不能再老的話題。寫盡了他們永遠不散的情誼。五十年一起追風戲浪，不簡單。

　　第六段，描寫他們情誼雖深厚，仍有爭執的時候；也許是酒精作祟，也許是泡酸的心情發酵，一些諍言盤詰。竟成了咄咄逼人的決堤洪水，差一點就危害到他們一起走過有共同回憶的危橋與險步，可見他們是有血有肉、有感情、有喜怒哀樂的一群人，十分生動。

　　第七段，描寫大家在冷靜之後，體會到人生都已到這步光景了，還是圓滿圓熟與圓融一些好，大家還是努力灌溉心靈，只要心田未貧瘠，仍有「地糧」可收，飲了，算了，還爭吵些什麼。一副悟透人生的樣態。

　　第八段，喝的差不多了，醉眼迷矇中，想到大夥兒失去的已夠多了，人到七老八十，可以說是「行程中」的末段小

路，還計較些什麼？心中如有不快，還是要用淚洗乾。堅強起來，再勇往直前。

第九段，寫哥兒們牽起友誼的手，不再回顧逝去的昨日，要開創人生的第二春，要有寬厚的心胸，即使犁已老但仍未生鏽，仍堪耕作，充分寫出老而不服輸，願意再拼一程的雄心，幹勁令人心折。

末段，寫大夥兒在一片醺醺然裡，也不計是不是謙謙君子，就脫去斯文的外衣，大家拼酒膽，看看誰的海量深，一群人也在野菊、閒言、錯愕之間人醉酒寂。一幕《創世紀》詩人的聚會圖終於悄悄落下。生動、有趣、令人回味無窮。

這一首詩我認為有下面幾個特色：

第一，寫敘述詩沒有散文化的毛病，這一點很難，尤其寫實實在在的事就更難。詩人在剪裁功夫上頗為用心，因此這一首詩讀來趣味盎然，不會讓人有記流水帳的感覺。這是需要些技巧的，最明顯的是，第七段末行「飲了吧，那就」，跳接到第八段「醉眼迷矇中」，使聯想切斷，造成閱讀上的瞬間終止。

第二，寫作技法由點而面的拼貼，完成一幅《創世紀》詩人的寫意圖。每一段都各自形成一個畫面，讀完全詩等於看完全圖。段與段之間雖不相屬，卻能銜接，沒有零碎的毛病，與一般有句無篇的詩作不同。第一段就直接切入他們之間閒聊剖白，喝酒調侃的情趣，然後再回溯他們本來的出身。這樣現在、過去反覆穿插，造成閱讀上的停頓與回想，有意識流的寫作手法，這種技巧也可以避免散文化、概念化的毛病。

第三，選取最有特色、最有趣，甚至最幽默、讀者最感

興趣的場景。《創世紀》五十年，可記者何其多，但一一形諸筆墨，豈不成了大世紀的流水帳？像瘂弦描寫〈坤伶〉的外貌，也只描寫了她的雙臂和鬢兒，至於有關〈坤伶〉一生的重要事件，也只取了三個，這就夠了。其他留給讀者想像空間，這就是詩。這種選取場景的手法，在電影學上就是「蒙太奇」的手法，特寫鏡頭都是最有意義的一小部分，但卻能突顯導演所要表達的主題。

第四，意象的鮮活使用，例如以「追風少年」來說明年輕的銳利猛進，以「摃龜的樂透」來描述挫敗的人生，以「生之危橋」、「回憶的險步」來敘述一生的坎坷，都十分生動鮮活。有關「意象」的論述頗多，這裡只舉簡政珍在〈論洛夫作品的意象世界〉一文中的一句話，來說明意象的重要性。他說：「文字的進行受制於時間，形象展現空間。詩的意象正是以時間性的文字呈現空間性的形象。詩人最大的考驗就是意象的經營。」（《中外文學》）第十六卷，第一期，收入陳幸蕙編《七十六年文學批評選》台北爾雅出版）。丁文智以每一個場景都有活潑生動的意象，完成這一首詩，正是他耐讀耐品的重要原因。

第五，實實在在抒寫《創世紀》詩人群的情誼以及對詩的執著，情景交融，生動有味。如果寫成詩劇，人物形象特色鮮活，在酒酣耳熱間談詩論藝，著實羨煞人也。我從第一段逐段逐句解析，無一句不可解，但仍為中間的趣味描述所吸引，所震撼。

陸機在〈文賦〉中說：「佇中區以玄覽，頤情志於典墳，遵四時以歎逝，瞻萬物而思紛，悲落葉而勁秋，喜柔條於芳

香，心懍懍以懷霜，志眇眇而臨雲。」詩人在時代變遷、四
時更替中引發創作的動機，丁文智在《創世紀》詩人群中，
眼見他們的意興風飛，或寂寥挫敗，或飲酒高歌，或互相鼓
舞，因而引發創作的動機，雖不能再現當時的風華，卻也創
造了一個相似的想像世界，讀者將因之被引導進入一個五十
年追風戲浪的深情世界，令人回味再三而心嚮往之。

8、雪撲天蓋地而來

── 析菩提〈雪〉

※詩

亂雲低薄暮
急雪舞迴風 ── 杜甫

獨雪霸道
一夜之間，為你們
盡豎白旗
飄飄然　非關風月
不為情思
至於誰主沉浮
那是手段問題
此間班班可考

獨雪潑辣
撲天蓋地而來
可以盡欺天下人耳目
除却梅花
無論松竹

東煖閣的皇家韻味

床第間，近乎溫柔的白
喘息間
雪
融與不融
我們自有主張
干卿底事

2005 年聖誕前夕，時日、韓大雪成災

※賞　析：

久未寫詩的菩提，再度重返詩壇，寫了一首〈雪〉，不但登在聯副，《創世紀詩刊》也刊了兩期，（原因是，第一次漏刊了最後兩行），接著《乾坤詩刊》第三十九期又以「名家手搞」刊出，印、泰國《世界日報》副刊也轉載了一次，風光得不得了。

這一首詩怎麼會如此風光？看來一定藏有什麼寶藏、密笈？不妨拿來研究一番，滿足一下好奇心。

詩分三段，第一、二段開頭幾句就把心靈真實的感觸，用兩個急速的意象展現出來。第一段是「獨雪霸道／一夜之間，為你們／盡豎白旗」，以及第二段「獨雪潑辣／撲天蓋地而來」。這兩段描寫心裡的感觸是直接而激烈的。年齡漸大，突然滿頭白髮，雪的意象，洶湧出來，心情豈不是杜甫的「亂雲低薄暮，急雪舞迴風」？

在兩段迅如奔雷的開頭之後，第三段情緒乃緩緩的降落；「東暖閣的皇家韻味／床第間，近乎溫柔的白」。還好，床第間，還可以有近乎溫柔的白，可見男性雄風未減，廉頗尚能吃飯，一樣還有當年豪情。至於「雪／融或不融」就不

用你操心了。寫盡了不服老的心態。詩寫到此，人物彷彿如在眼前，十分具戲劇性，而且是作者自身粉墨登場，不必像瘂弦的詩，藉著披戴面具隱身在幕後演出。（參見李豐楙〈中國純粹詩學與現代詩學〉）菩提是親自到幕前，以真面目登場表白，真誠感人。

　　這樣的一個直接站到台面的人，說話當然不會再三使用迂迴複雜的隱喻，他直接說了。第一段說了自己年齡一大把，不能在人生主導浮沉，其實只是手段問題，不屑為也。第二段仍然十分清楚明白，以梅花、松竹表明自己的志向。這樣的人生態度，沒有輝煌騰達，又有何憾？第三段寧願回到床笫間，享受那近乎溫柔的白；醇酒、美人，我們自有主張，我就是我，干卿底事，好，瀟灑。

　　這首詩我讀了好幾次，十分欣賞。原因如下：

　　第一，它沒有浪漫主義的濫情，也無現代主義的濫感，實實在在，讀後真的被它的情思所感動了。尤其年齡半百以上的人，在社會上實實在在打拚過了，世情看也看多了，更是會同意作者的看法。

　　第二，這首詩的文字，乾乾淨淨，沒有語言遊戲，也不誇大畸形，更不會扭斷語言的脖子，讓人讀了喘不過氣來。

　　第三，詩雖明白曉暢，但哲理卻深邃耐品，每次讀後都有不同的感想；當然不同的人讀後也有不同的感想。它不必經過曲折轉彎，不必文字拆解，但它的哲學厚度仍然凹凸有致，乃真實的人生體驗和感受。

　　第四，不同時空場景的變換重疊，也產生了人生無常，人生似幻的哲理隱喻。例如由第一、二段的「獨雪霸道」和「獨雪潑辣」演變為第三段的「東暖閣的皇家韻味」，迅速

而且陡降,哲理深刻而豐厚。

　　第五,此詩讀來有真實生命感。假如一首詩是無生命的閱讀,那麼這首詩是一首空洞的詩,寫的是人生的夢幻泡影。簡政珍在《台灣現代詩美學》一書中說:「沒有思維或情感的隱約縱深,閱讀之後,讀者心中也很難有想像的回旋。」所以它是一首有血有肉的詩。

　　經過這樣再三的檢驗,看來它是值得廣為流傳,也值得花一番時間加以探討了,它寫出了從「春風得意馬蹄疾」到「向晚意不適,驅車登古原」的心境變化;雪,撲天蓋地而來,是最好的意象。

9、對生命無止盡的叩問

—— 析康康〈滋味〉

※詩

1、
咖啡屋裡
我點了一杯名叫
氣氛

2、
酒　乾了一杯
一杯
又一杯
淚仍是
鹹的

3、
變質的友誼
一如隔夜的
茶

4、
燒焦的愛情

撒再多鹽
也不能
冒充鍋巴

5、

我的嘴很刁
只飲月光吻過的
孤獨

6、

九層塔不懂
生生世世
只當配角

7、

切切剁剁
恩怨情仇
煲一鍋
人生

※**賞　析：**

　　〈滋味〉是一首由七節短詩構成的組詩，主題寫「顏色」，七節短詩代表人生的七種顏色，抽樣而已，並非剛好七種。有人寫人生苦短，有人寫人生的失落、受苦、寂寞，但不論是喜悅與憂傷，夢想與幻滅，衝突與妥協，愛和恨，昇華與墮落……等在第七節小詩中「切切剁剁，恩怨情仇／煲一鍋

／人生」中完成，詩人以短短四行十三個字的短詩，就寫盡了人生的況味，酸甜苦辣，功力非凡。

　　我以為作者如果不歷盡人世的滄桑，實難完成這七節隱含哲理的人生小詩。讀第一首就讓我有意外的驚喜，走進咖啡屋，竟然不是點一杯咖啡，也不是點一杯苦澀，而是點一杯「氣氛」。「氣氛」兩字最含蓄，它可以是甜、酸、苦、辣，也可以是其他千種萬般。

　　第二首酒乾了一杯又一杯，淚竟然仍是鹹的；暗喻人生的某種挫敗，詩人在挫敗中，以詩做了最無力的反擊。第三首以隔夜的茶，明喻變質的友誼，哲理通透。第四首以再加多少鹽也無法使燒焦的愛情變成可口的鍋巴，十分傳神。若把鹽改成糖，就沒有意外的效果了。真好，第五首，最浪漫，誰也要嘗。第六首也是人生走到一定程度的抗議，但還沒有看透。人生的美好，就在這透與不透間。

　　總之，七首小詩雖短，卻寫出了對生命無止盡的叩問！

10、孤寂而不哀傷

── 析綠蒂〈屹立的孤島 ── 阿里山日落〉

※詩

晚秋登臨高處
在微風中
展讀記憶的山岳
洶湧的雲海漫淹了群山
每一個山嶺
飄渺成各自屹立的孤島
依依的夕陽安靜沉落
想念的一切雲湧升起
霞光遍撒無限的視野
弦月淡白地
在另一方天際蓄勢登場
各幕景色絢麗更遞
依序而安靜

喧嘩的是守候者的讚嘆
喧嘩的是照相機的快門

從希望與失望輪替的心中
伸出詩的雙手

擁抱告別的訊息
就如百年雲松被夕暉拉長的身影
落在觀日樓側面的角落
孤寂而不哀傷

※賞　析：

　　這首詩是描寫阿里山在雲海中像個屹立的孤島，在晚秋時，登高懷想，別有一番滋味。

　　詩一開頭就點明了季節是晚秋，登臨阿里山的高處是作者抒發心情的地點。此時只有微風，還好不是冷風，如果冷風就無心情賞景了。此時，記憶中的山岳，被洶湧的雲海漫淹，每一個山嶺都飄渺成各自屹立的孤島。

　　此時，依依的夕陽正安靜的沉落，依依有不捨、不願之意，即所謂夕陽無限好，只是近黃昏之意，既感慨時光消逝得快，也感到自己年華老去。此時的心情，想念的一切像雲湧升起，晚霞遍撒無限的視野，寫盡黃昏之美，而淡白的弦月，也在另一方天際蓄勢登場，各幕景色都在安靜中依序絢麗更遞，只有守候景觀的人在讚嘆喧嘩，只有照相機為了拍美景而卡擦不停。連著兩句的「喧嘩」，不但有排比的氣勢，也有展現綠蒂特殊語法的功效。

　　末段寫詩人的心情，在觀景中難免有希望和失望在心中輪替，但他還是伸出詩的雙手，去擁抱這告別一天美景的訊息，如同那一棵百年雲松在夕暉下的長長身影，落在觀日樓側面的角落，孤寂而不哀傷。

　　整首詩我認為有幾個優點：

　　第一、文字優美，讀來頗有快感。一般詩作，常為了展現所謂詩藝，故意用不順暢，極惡劣的語法，把本來是美景的場面，寫得血肉模糊慘不忍睹。

　　第二、文意真摯樸實，給人清新之感。詩人對人生對世事的真正的體驗，寫來看似信手一揮而就，但情感卻因自然樸實而勝過許多刻意經營的作品。

　　第三、詩中留有想像空間，讓人可以再三咀嚼，再三反思，為什麼說是「屹立的孤島」，有什麼含意？「希望和失望輪替」又有什麼意涵？作者面對美景為何「孤寂而不哀傷」？在在可以讓人沉思。

11、沙塵上的雨痕

── 析綠蒂〈春天紀事〉

※詩

今年春季
就在這場微雨中草草結束
平舖在沙塵上的雨痕

是唯一未遺失的情節
悄悄就立夏了
點點潮濕的風景
是乾旱中清涼的顧盼

你炫麗的眼色
如五色鳥跳躍的燦爛
來了又去
我也告別了花東海岸
回歸炙熱喧囂的城市
感覺上未曾離開過的
海光與山色爭豔
沉思與微風的對話
都遺留在納風亭角落裡
那已靜坐二十多年的老籐椅上

鏡頭內的鳳凰花嫣紅了
樹下所有春的紀事

回憶是永不關閉的旋轉門
輪迴著流星的哀傷
輪迴著野百合嘹亮清新的號角
在擁有與失落的縫隙中
在海洋與雲天的交接處
孤帆漂泊等待
不網獵驚喜
也不收穫親密
霧裡　紅色的舟燈亮起
守候另一個節氣
多風而無雲的小暑

※賞　析：

〈春天記事〉選自綠蒂季節系列詩創作第一輯《春天記事》乙書。季節會影響一個人的思緒，尤其是詩人，所以綠蒂從二○○三年起開始出版季節系列詩創作集，《春天記事》就是第一本。二○○四年又出版《夏日山城》，並計劃在二○○六年出版《秋光露影》，然後是冬天的詩集，完成他整套「四季詩集」系列。

這一首〈春天記事〉，從一場微雨結束時開始起筆，然後鏡頭轉向沙塵上的雨痕，潮濕的風景，跳躍的五色鳥，納

風亭的老籐椅，鳳凰花的嫣紅，野百合嘹亮清新的號角，漂泊的孤帆，紅色的舟燈，慢慢的移動鏡頭，帶出層次景然的景象，給讀者十分鮮明的圖像。

　　時間則由春季而立夏而小暑，且在現實與回憶倒敘的穿插中，帶出作者對往日情懷的思念，讀來特別有味。從整首詩的淡淡哀傷中，我們隨著詩人的筆，來到了東海岸旁的和南寺納風亭畔，看雨景、沙痕，看海光、山色，看孤帆、漁火，往事逐漸漸浮上心頭，而且每一個讀者，都因為有不同的人生體驗，而聯想到不同的人生事件，感受也因而不同。

　　這首詩有下列幾個優點：

　　第一，從娓娓道來，平實自如的文字中，容易進入詩人的心路歷程中，知道詩人所思所感，尤其從詩人所見中，顯示出十分鮮明的意象，讀者知道詩人心中要表達的東西，十分清楚，不會讀完全詩，如墮十里霧中，不知所云，顯然有別於一般撲朔迷離，讓人無感無覺，不知身在何處的現代詩。

　　第二，文字優美，可以再三吟咏，愛不釋手。例如「今年春季／就在這場微雨中草草結束」，讀來頗有韻味，能讓人體會作者「恬淡自如的心境，情感的表白自然天成」（向陽語）。「平舖在沙塵上的雨痕／是唯一未遺失的情節」，不但文字美，而且留下許多暗示和想像空間，「沙塵上的雨痕」是寫實，但又代表發生了什麼事，否則為什麼接下來又有「是唯一未遺失的情節」，可見這個雨痕不是單純的雨痕，一定有什麼故事在裡頭，這樣讀詩，詩的味道就出來了。

　　第三，詩中的意象語及情節相互引申，逐步推展，讓讀者腦中產生了鮮明的故事圖像；這一點向陽在序中 ——〈與

生命真摯對話〉乙文中有提及:「由首節「微雨」、「沙塵」,而次節「海光山色」、「鳳凰花」到末節「流星」、「野百合」、「孤帆」、「舟燈」,逐步推展,相互引申,提供給讀者鮮明的圖像。」乃正確之論

　　第四,整首詩在詩言的使用上,讓人有樸實自然,淡中見濃的情感表現。初讀時,彷彿作者不經意的說出,再讀時又彷彿作者故意指出,讓人特別感到詩味濃厚。向陽特別指出:「本詩收尾『霧裡紅色的舟燈亮起／守候另一個節氣／多風而無雲的小暑』,羚羊掛角,意在言外,給出了對未來『多風而無雲』的期盼,又通過『紅色的舟燈』對應『多風而無雲的小暑』的強烈對比,建構出近乎禪家『空／有』的辯證,留給讀者更寬的想像。」實乃一語道破綠蒂最近幾年詩作成就的核心。

　　第五,這首詩可以提供寫詩的範例,寫詩如同學書法,由模傚而後奠定自己的特色,產生自己的風格。然而書法範本有一定的進階,寫詩範本亦然。俗云:「熟讀唐詩三百首,不會作詩也會吟」,我們讀新詩作品的佳作讀多了,自然也可提筆寫詩,不信你就試試。

第 三 輯

輯前說明：

當時因限於篇幅，有些詩人大家都知曉其生平，就未做作者簡介；有些則大略介紹一些。時隔二十多年，這些作者均已廣爲人知，再做作者介紹，顯然多餘，就保留原寫作時樣貌，不再更動。

1、讓我輕握你冰涼的小手

── 談楊牧詩作〈冰涼的小手〉

凱凱：

送你走後，我獨自沉思了好久。真的，你好令我喜歡，看到你，就如同看到當年的自己。和你一樣年輕的時候，我也是喜歡詩的少年，常到書局找詩刊、詩集閱讀，遇到喜歡的詩，就趕忙抄了起來，在同學中傳閱，一起朗誦，這是多麼令人懷念的歲月……。

如今，看到你那真摯的神情，想把詩寫好的堅定意念，那種讀不懂，又十分想懂的心理……在在令我感動。你說：「除了喜歡你的詩之外，也喜歡你在某報寫的讀星樓小品，為什麼叫讀星樓呢？」

年輕的時候，充滿幻想，卻誤以為理想，本來寫作讀書的書房叫「摘星樓」，後來覺得太俗了，就改為「讀星樓」，詩人羊令野曾為我題了幾個字：「夜讀星圖，神遊蒼冥，實亦逍遙，不翼而大鵬也！」深獲我心，就算是命名的理由，你滿意嗎？

今夜，你足足坐了三個多鐘頭，臨走還怪時間消逝得太快，我也有相同的感覺，不過，以後只要時間許可，其他沒有不便，隨時歡迎你再來，三個多小時中，我們聊得很愉快，也聊得很多，從詩的節奏，到詩的意象，甚至什麼樣的詩才算詩，才算成功的詩。

　　這樣的話題太大了，足足可以寫一本厚厚的書。最後我們談到年輕的楊牧，早期他叫葉珊，你說你好喜歡他的《花季》、《水之湄》和《燈船》。最後我們一起朗頌他的情詩〈冰涼的小手〉，那的確是一首節奏優美的抒情詩。

> 就從此，山嶽向東方推湧
> 一浪一浪薔薇的潮
> 讓我輕握你冰涼的小手
> 在雨地裏，讓我輕握你
> 薔薇的，冰涼的小手

　　這是第一段，作者很文藝小說腔的，要「握你冰涼的小手」，此時山嶽竟能向東方推湧，多麼大的「愛的力量」，「薔薇」是意象語，用來形容愛人冰涼的小手。

> 去年的秋季尚殘留在我鬢上
> 我們曾只有那溫暖的流星河
> 袖上遺著你的指印
> 讓我輕握你兩手薔薇
> 我是那寒夜的篝火
> 啊月淺，啊燈深
> 哪一天你將踏霜尋我
> （一路摘著手掌般的紅葉）
> 來我讀詩的窗口？
> 你沿階升上
> 踩亂我滿院瘦瘦的花影

　　這是第二段，音韻仍然優美，整段詩，如同敘述情人遠

去，呼喚她再回來的淒切，如泣如訴。回憶往事，不勝唏噓。

> 我便是篝火
> 讓青焰彈去你衣上的霜
> 在這爐邊坐下
> 讓我，讓我輕握你冰涼的小手

　　第三段情意更真摯了，作者要遠去的情人，回來坐在自己的火爐邊，為她拂拭風霜苦難，要握她冰涼的小手，多令人感動。

　　這是楊牧以葉珊為筆名的早期詩作，發表在《藍星詩刊》第一號，曾選入《百家詩選》和《現代詩導讀》中，可見多數批評家還是認為它不錯的。不過，我認為這是詩人成長中的習作，屬於桃源式的文學（Escape Literature），和許多年輕人一樣，愛說無端又朦朧的夢境，只是種不成熟的傾訴。你以為呢？夜深了，下次再談。

2、一排風蝕的斷水描出異鄉的荒遠

—— 談楊牧詩作〈微雨的牧馬場〉

凱凱：

春雨綿綿的午後，心境有一種說不出的況味，此時和你談詩，是我最樂意做的事。

上次和你談楊牧的詩〈冰涼的小手〉，你說你好喜歡，你也喜歡《葉珊散文集》，我想我是可以理解的，那麼我就再和你談談他的另一首詩〈微雨的牧馬場〉：

> 一排風蝕的斷水描出
> 異鄉的荒遠
> 有人倚靠柵欄
> 吹著柔柔的笛子
> 淺水穿流過你最愛的
> 芭蕉林，和閃爍的橋樑
>
> 雨季在我身上流出
> 巨石的紋路，眼看一群花斑馬
> 嘶鳴奔跑過微雨的一片
> 夢境的枯林 ——
>
> 倚著柵欄，我也腐朽了
> 變成一段牧馬場邊的枯木
> 只是潮濕了些

憂鬱了些

你說你好喜歡這首詩的調子，的確，年輕又多愁善感如你，怎麼會不喜歡年輕的楊牧 —— 葉珊時期所塑造的憂悒、哀愁的氣氛？

第一段他描寫異鄉的荒遼景象 —— 一排風蝕的斷水，流過芭蕉林和橋樑，此時有人倚靠柵欄吹著柔柔的笛子，我們不難想像異地笛韻之淒涼。

第二段寫作者的心境，長長的雨季，竟在作者身上流出巨石的紋路，可見長期的傷感，身心頗受巨創。作者很巧妙的運用花斑馬來象徵滿身紋路的自己，嘶鳴奔跑在微雨的一片夢境的枯林。由「夢境」兩字可見作者「所見」僅是自傷自憐而已，並非真實。本段題旨在寫自己的際遇和心境，多年來心情不開朗，彷彿長長的雨季，使身心受創，如同在巨石上刻下紋路，如同一群花斑馬，嘶鳴奔跑在一片微雨的夢境的枯林，暗示作者多年在文學上的追尋歷程。

最後一段描寫作者心境蒼涼，憂鬱到了極點，倚著柵欄，他竟腐朽變成牧馬場邊的一段枯木，又潮濕，又憂鬱……相當感人。

整首詩均使用意象語來客觀影射作者內心的蒼涼、憂鬱，捨「情」不寫，這種暗示手法十分高明。艾略特所常強調「客觀影射」乃是寫情的最高境界。

楊牧的作品很多包括上次說過的《水之湄》、《花季》、《燈船》外，尚有《傳說》、《北斗行》、《瓶中稿》……等，詩風屢變，此詩仍然和上次介紹的〈冰涼的小手〉一樣，屬於成長中的詩，比較年輕、傷感一些，也許比較合你的胃口，你以為呢？下次再談。

3、立在東西的迷濛處

── 談鄭愁予的詩〈穿彩霞的新衣〉

凱凱：

你說很懷念和我談詩的夜晚，尤其是在佛光山那夜，你和我坐在山門聊到深夜，直到教官叫你就寢，你才一萬個不願意和兩、三個同學回房休息，你忘了那是公民訓育活動，要有團體紀律約束……。

你說你很喜歡鄭愁予，他那麼飄逸、瀟灑，好像不食人間煙火，整夜你翻閱著《夢土上》、《衣缽》、《窗外的女奴》，你朗誦著：「我達達的馬蹄是美麗的錯誤／我不是歸人，是個過客……〈錯誤〉、「這次我離開你，是風，是雨，是夜晚；／你笑了笑，我擺一擺手」〈賦別〉以及「多想跨出去，一步即成鄉愁」〈邊界酒店〉、「是誰傳下這詩人的行業／黃昏裏掛起一盞燈」〈野店〉……是的，許多年輕人，多能順口背上幾句，你很喜歡，自屬意料中的事，你說你想讀一首鄭氏的近作，我找來找去，終於找到七十三年「聯合文學」創刊號中有他的一首〈穿彩霞的新衣〉（後來選入爾雅版七十三年詩選）

穿彩霞的新衣

魚肚才翻白，山脈就
起身了，抖擻森林，舒伸岩骨，

穿衣嗎？那寬鬆流動的霞彩
是初經剪裁而未經試身的……

東方日出是一枚鈕扣，釘上
新衣的左襟，西方呢？
是殘月一彎鈕孔，約莫兩寸吧，
隱約地綻開在右襟上。
而手指在朦朧中卻也捉摸得
夠準……（像撥弄琴弦由Ａ跳向Ｄ那樣）
鈕與孔，就輕輕地
扣上了

這時，我
主峯一般立在東西迷濛處，
卻未意識到
剛剛完成的是什麼？
是穿了一件新衣呢？還是
從此投入美麗的虛無而脫身不得？

　　這首詩文字甜美，飄逸依舊，只是作者上了年紀，身在
美國，又靠教中文為生，不免感想很多，尤其東西文化之差
異、民族習性之不同。因此，他利用這首詩來表達自己身處
這種「立在東西的迷濛處」之心境。

　　首先他利用日出，東方魚肚翻白的寫實白描，來暗示東
方的古老中國，在長長的劫難 —— 黑夜之後醒來，像山脈起
身了，森林抖擻了，岩骨要舒伸了，要學習西方文化 ——「那

寬鬆流動的霞彩」，人們追求的美，但未經試穿，是否合身？問題仍然很多。第二段仍然是利用日出、月落，來暗示東西文化的鈕、孔是否能扣上的問題。第三段才意識到自己的處境，「是穿了一件新衣？還是從此投入美麗的虛無而脫身不得？」留下令人再三低徊的問題。夜深了，下次再談吧！

4、葬我，在最美麗最母親的國度

—— 談余光中的詩〈當我死時〉

凱凱：

今夜，突然下起大雨，我以爲你不會來了，想不到你還是冒雨前來，使我想起一個朋友，他說：「詩真的令人又愛又恨！」我那個朋友，大家都說他得了「詩癌」，曾經爲了詩，高中唸了好幾所都沒畢業證書，服完兵役隨營補習卻又讓他考取臺大，大學中卻又三度重修而沒畢業，原因是「迷於詩，無心功課，常常考試不知所云」，唉！凱凱，你會爲了詩而忘了功課嗎？我真怕啊！

外面的雨越下越大，而我們卻越談越起勁，你說你好喜歡余光中的「等你，在雨中」，你順口唸著：「……蟬聲沉落，蛙聲升起，一池的紅蓮如紅焰……」是的，那是一本令很多人著迷的詩集，你說你真想駕一艘蚱蜢舟划回吳宮，划回江南採蓮……你說你好想念故國河山……想不到詩竟讓一個從來不知道長江黃河是什麼樣子的青年，對故國河山有如此深的情愫。於是，我們翻開余氏的一首：「當我死時」，輕輕的朗誦了起來：

當我死時

當我死時，葬我，在長江與黃河
之間，枕我的頭顱，白髮蓋著黑土

在中國，最美麗最母親的國度
我便坦然睡去，睡整張大陸
聽兩側，安魂曲起自長江，黃河
兩管永生的音樂，滔滔，朝東

這是最縱容最寬闊的床
讓一顆心滿足地睡去，滿足地想
從前，一個中國青年曾經
在冰凍的密西根向西瞭望
想望透黑夜看中國的黎明
用十七年未饜中國的眼睛
饕餮地圖，從西湖到太湖
到多鷓鴣的重慶，代替回鄉

　　凱凱，想不到從未到過大陸的你，唸到「代替回鄉」，
聲音竟低沉得讓我想哭，相信許多人讀了這一首詩都會有欲
淚的感覺。它，太感人了，你說它的好處在：「真誠」，是
的，「真切感人」是這首詩的靈魂。

　　這一首詩很白，不需要太多的說明，你的聲音已經爲它
詮釋了一切。一個離鄉背井的老人，死後想葬在白山黑水，
長江黃河，最美麗最母親的國度，任何人都可以理解的，如
果願望能達成，當然可以心滿意足。作者在後半段也描寫了
年輕的時候，在美國密西根向西瞭望故國，衷心希望中國能
富強統一，「想望透黑夜看中國的黎明」，實在含有太多的
意思，最後三行，回不了家鄉，只有利用讀地圖來滿足一切，
此處用「饕餮」兩字，用得太好了，太傳神了。

5、誰是最早的傳燈人

—— 談許藍山詩作〈關渡五疊〉

凱凱：

那真是一個令人難過的夜晚，你正在讀星樓和我閒聊，你認爲你還年輕，可以好好的揮霍日子，想不到電話鈴響了，楊子澗哭泣的告訴我們：「許藍山過世了，腦溢血，才四十歲而已！」

啊！真是晴天霹靂，我的好友，你的老師——許藍山，才四十歲，正值壯年，怎麼可能？我趕忙聯絡風燈詩友，宜蘭的寒林，臺北的歐團圓，桃園的吳承明，三義的蘇明輝，以及北港的石頭、楊子澗、東朴，大家都要去看看老友最後的遺容，最難得的是師院的江聰平教授，他也趕來北港，我們決定一道去臺南拜祭亡友。

凱凱，整夜，我看你泣不成聲，翻閱著許藍山留下的詩集《玉壺冰》、《無弦琴》，你說：「許老師走了，只留下一片冰心在玉壺，只留下一張無弦的琴，怎麼放歌？」

而我，凱凱，我最遺憾，因爲除了替許老師評析過一首〈鄉書〉之外，我未寫任何一篇有關許老師作品的評論，我想：「何必急？他還年輕！」如今，他竟英年早逝，我怎能夠不遺憾？

現在，就讓我們來讀讀他的〈關渡五疊〉做爲永恆的追思吧！

關渡五疊

站在歷史的渡口
遙望對岸一座觀音
仰臥成山丘的姿勢
右手平放胸前
左手滑落淡水河中

（公渡河否？）

丈量渡口的寬度
不過一盞茶的船程
理當滯留整個下午
聽秋蟬唱晚
看海鷗翱翔

（公不渡乎？）

距離日落還早
必要去探訪紅樹林
如何沿著淺灘繁殖
像胎生的龍族
固守這片泥濘領土

（公豈不渡？）

漁火緊接日落亮起

在對岸水面排開
一燈傳染千燈
遂無法辨識眾燈裏
誰是最早的傳燈人

（公竟不渡）

船家終於解纜而去
我把船票交與觀音
祂滑落的左手一揚
我已端坐彼岸碼頭
等看船家訝異的臉

　　　—— 七十、七、三十一《藍星詩刊》十四號

　　這一首詩描寫作者在關渡看觀音山，淡水河，聽秋蟬唱晚，看海鷗翱翔，尋訪紅樹林，看漁火，落日，一燈傳染千燈……等心境寫照，利用公渡河否？到公竟不渡的典故，使原詩更有味，剪裁處理十分得宜，沒有一般遊記詩敘述不停的毛病，是這一類詩中的佳構。

　　許藍山擅長禪詩，本詩最後一段即為明燈，不渡河而竟已端坐彼岸，十分具有禪味。

　　風燈詩社在許藍山、寒林、楊子澗……等的努力下，已有可觀的成績，如今許氏突然而去，「誰是最早的傳燈人？」令人留下無限的懷念。

　　凱凱，我知道，你今天心情不好，就此打住，下次再談吧！

6、面向春風我們分頭而雙飛

—— 談向陽的詩作〈春分〉

凱凱：

那是農曆三月十九吧！北港正是一年一度媽祖誕辰，宴客、花車、藝閣……各種活動盡出，十分熱鬧，據說光放鞭炮就花了幾千萬，包括十幾萬各方湧到的食客，消費額總在億元以上，雖然如此，大家還是十分願意，大家都為這種民俗、鄉土活動而狂歡，而你，凱凱，你竟不同於一般年輕人，你竟挾著兩本向陽的詩集來看我。你說：「我記得您評過向陽的《十行集》和《四季》怎麼不談談他的方言詩？」

啊！凱凱，你真是有心人，我也正在努力研究向陽的方言詩，因為有一次我聽向陽朗誦〈阿爸的飯包〉，既親切又好聽，味道十足，凱凱，下次吧！下次我一定好好寫一篇〈向陽的方言詩研究〉給你看，好吧？

由於我剛評過向陽的詩集《四季》，對集中作品印象猶新，且十分喜愛，就讓我為你選讀一首〈春分〉吧！

春　分
彷彿循環著的日與月
我在東，你在西
分別擁有一半的世界
彷彿綻開著的花或蕊
你是桃，我是李

各自描繪不同的畫頁

彷彿遠隔著的南與北

我上山，你下海

埋頭譜寫相異的音階

背著春天，孤獨使我們掉淚

彷彿相生著的樹與葉

我盤根，你蔚綠

一起接受陽光和雨水

彷彿併聯著的路與街

你走縱，我走橫

相互提供生命的圖繪

彷彿舞踊著的蜂或蝶

我在左，你在右

共同吸取天地的精粹

面向春風，我們分頭而雙飛

　　凱凱，你覺得如何呢？你這麼年輕，能體會到這種亙古的悲哀嗎？我實在佩服年輕的向陽，怎麼會有如此深刻的生命體悟，這種體悟，甚至有人一輩子也感受不出來，而向陽，年輕的向陽以短短二十行的詩，竟能給我們如此豐富的世界，這種人世的苦味，生命的無奈，恐怕要花數十萬字的小說去詮釋吧！

　　凱凱，你真的很聰明，你已可以從字面上去分析向陽的用心，例如題目「春分」，這個「分」字，使得日與月，東與西，縱與橫，左與右，永遠無法在一起，而人生，人生不也是如此嗎？多少悲歡離合，詩人從宇宙現象裏頭，爲我們挑了出來。凱凱，你若有所悟，頻頻點頭，而我，我真怕年輕的你，只能懂得表面啊！

7、一雙手伸向茫茫的夜色

—— 談洛夫的詩作〈植物園小坐〉

凱凱：

又進入梅雨季節了，連着下好幾天的雨，心情有些悵然，而你，年輕的心，是否能瞭解我悵然的心情呢？想起年輕的時候，總愛坐在樓上看雨，也喜歡聽雨聲，那時的心情是愉悅的，頂多也只是強說愁而已，如今，聽雨的感受不同了，你呢？

今夜，又下着微雨，你帶着洛夫的詩集《釀酒的石頭》來看我，希望和我談談洛夫的詩，這剛好很合我的胃口，因爲這一本詩集，以秋的題材寫作的，不下十幾首，我想是洛夫進入中年，感覺秋意襲人之故吧！而我也已步入中年了啊！

洛夫的詩，評者頗眾，影響深遠，曾獲七十一年「中山文藝獎」及第五屆時報文學敘事詩推荐獎，最近又得吳三連文藝獎，詩人評論家張默肯定他爲：「在中年一代中最強勁的投手之一」，誠非虛語。現在就讓我們來讀讀他的〈植物園小坐〉：

植物園小坐

伸展雙臂
他獨霸了池邊的那張座椅
原本是兩人與共的

荷也是

只是花歸你
留給他的是一截絲絲不絕的斷藕
這時心中升起
未流一滴淚便猝然死去的
那種快意
藏在風中的是
去夏最動人的一聲蟬鳴
說多蒼涼
就有多蒼涼
他對準自己的倒影
猛力把煙蒂向水面彈去
滋的一聲
整個秋便這樣過去了

你曾指着
荷葉下一隻水鳥問
牠在孵些什麼？
事隔經年
終於有了答案
當他獨霸池邊那張座椅
將一雙空手
伸向茫茫的夜色

啊！凱凱，年輕如你，怎能體會詩人寫此詩的心境？一

個人沒有到相當的年歲，某些道理可能體會不出來的，洛夫終於體會出「荷葉下那隻水鳥到底在孵些什麼？」並且「將一雙空手，伸向茫茫的夜色」，使我聯想到凱撒要死的時候，命人在棺材兩邊開洞，讓兩隻空空的手垂在外面，表示人生來去匆匆，誰也沒有帶走什麼！英雄事功尚且如此，其他平庸的人，白不用說了，雖「獨霸了池邊那張座椅」又如何呢？這一首詩令人印象最深刻的當屬「他對準自己的倒影／猛力把煙蒂向水面彈去／滋的一聲／整個秋便這樣過去了」，我想這是洛夫成功鑄造意象的緣故，這鏡頭讓人印象太深刻了。

8、長廊盡頭張望著的臉

—— 談向明的詩作〈青春的臉〉

凱凱：

端午節我們一道去鹿港，看了不少民俗技藝、龍舟競賽，也看到鹿港許多古蹟、文物，一路上，你一直讚嘆：「鹿港真不愧是古老小鎮，有看不完的東西！下次我們還要再專程前來做一個采風錄。」

真的，我們留連在許多書法家、雕刻家、詩人的家裏，請益再三，久久不願離去，尤其是八十八歲的老詩人葉先生，葉先生特地為我們解析了幾首他的作品，看他唱詩、解詩的樣子頗有「儒者風範」，不由得令人油然而生景仰之心。

說到「儒者風範」，我們很自然便想起現代詩的儒者——向明，你說你很喜歡向明的詩，在回程車上，你順口背出了許多向明的詩句：

　　五張嘴，五張嘴的吼聲
　　是五千噸的壓力
　　我是那五隻鐵錘下
　　火星四濺的鐵砧
　　　　　　—— 五張嘴

　　歲月，原本是一襲安靜的羽衣

　　　　　—— 爆竹

生來就是要忍受捶打的
　　　　　—— 鼓

　　啊！凱凱，真難得，你居然能順口背出這麼多詩句，而
且還滔滔不絕的說出詩句中的含意。為了更加深你的印象，
我就為你選讀一首向明作品〈青春的臉〉吧！

青春的臉

好長好長喲
三十五年歲月的這條
時間的長廊
長廊的盡頭始終張望着
母親那張
青春的臉

可以焦心為她思念
可以清夜對她傾吐
就是不能觸撫到的
在單行道的時間長廊那頭
母親張着的那張
青春的臉
在這種日子裏
不知該為她奉上一朵

什麼顏色的
康乃馨

　　這一首詩，早在數年前，我讀到的時候，就感動莫名，它和洛夫〈血的再版〉、張默〈飲那絡蒼髮〉等作品一樣，都是這一代亂離的見證，他們都是和老母分別三、四十年，至死不能相見，許多大陸來臺人士，都有相同的際遇，讀後能不令人放聲痛哭？

　　這首詩很淺白，大意是說闊別老母三十五年，隔著時間的長廊，母親那張三十五年前的「青春的臉」，依然在長廊的盡頭張望，張望些什麼？作者沒有說明，但讀者很容易就能體會是「望子早歸」啊！接著寫出作者錐心的思念，清夜對她傾吐，然而就是撫觸不到母親的臉，悲痛到了極點。最後，不知母親到底是否還活著，因為音訊全無，以致於要奉上什麼顏色的康乃馨都不知道，悲哀到了無以復加的地步，全詩到此作結，令人感到無限悲痛、悵惘。

　　凱凱，我們沒有這種痛苦的際遇，雖能領會一些，但還是有限的，除非身歷其境者，才能體會得真切，你以為呢？

9、一萬年只是一瞬

── 談戴宗良的詩作〈遊佳洛水〉

凱凱：

那天你和康康、丁丁來讀星樓看我，恰巧詩人戴宗良也在這邊喝茶，你們便紛紛的你一句我一句的問起他的詩來，你讚嘆的說：「我實在太佩服你的詩句了，尤其是〈唱片〉乙首，『黑色的生命／輪迴的痛楚／註定是悲劇的角色／當針尖刻向你的／每一處肌膚／誰知道／那柔腸千折的樂音／是來自靈魂深處／淒苦的吶喊』全詩短短只有九行，把唱片在唱盤上轉動，想像成人世痛楚的輪迴，實在妙極了，若以這首詩來比喻詩人、歌者，以他自己身受的痛苦，發為作品，來解釋亦無不可，所以我說它具有『以小暗示大，以有限暗示無限』的優點。」

凱凱，真的，我以為你已經可以品詩了，你已經懂得其中三昧，我好高興。真不枉你風雨無阻的來找我談詩。下面，我就再為你選析乙首戴氏作品〈遊佳洛水〉：

　　恍如登臨萬古之上
　　黯然的眼瞳
　　又一次閃亮繽紛的神采
　　驚訝於你的神奇和完美

吞吐千萬年的寂寞
乃能完美如斯，沉靜如斯
一個個嶙峋的風骨
一座座不朽的形象

抖落滿身的塵俗
於你身前我凝然端坐
看太平洋詭譎的波濤
幻化成世紀的風雲
看斑爛的岩塊
展示着亙古的奧秘
而海潮喋喋不休地
訴說你誕生的故事

此刻！我亦寂寂，如你之趺坐
我亦寧靜，如你之怡然
而當我仰視俯矚
念天海之悠悠，總是愴然

一萬年祇是一瞬
或是一聲潮音
粉碎於你的足下
或是一片斑痕
駐足於你的容顏
任潮起，潮落
任人來，人往

而我將歸去
衹有你怡然屹立
屹立於海天之間
屹立於時間之上

　　這一首詩，借景抒情，有如陳子昂的登幽州臺：「前不
見古人，後不見來者，念天地之悠悠，獨愴然而涕下」，令
人讀後有無限蒼涼的感覺。詩人登臨佳洛水，眼見風景奇佳，
怪石嶙峋，黯然的眼瞳逐明亮繽紛起來。目睹太平洋的波濤
逐想起世局紛亂如麻，不覺感慨系之。同時，眼見造物神奇，
想到人生在世，來去匆匆，只不過像一聲潮音，只有佳洛水
的奇石永恆立於海天之間，不會殞滅。

　　凱凱，有一次我們相偕南遊，在佳洛水、在貓鼻頭，你
曾為眼前佳景不知如何下筆，讀了戴氏的佳作，是否能夠給
你一些啟示呢？

10、火浴竟是一世的疼痛

── 談落蒂的詩〈最後的星光〉、〈淒涼〉

凱凱：

昨夜你就打電話來，說要約康康和丁丁一起來和我談詩，尤其是談我的詩，這實在令我感動，也令我不知所措。說實在的，我很怕談自己的詩，從你說要談我的詩起，我就一直很不安，你知道嗎？為什麼我編的《新詩選讀》沒有選自己的詩，道理在此。

怕歸怕，你們執意要談，只好讓你們發表高見，我洗耳恭聽了，如何？

康康首先發言：「我最喜歡你的抒情詩了，尤其詩集《煙雲》中的情詩，我們有許多同學都很喜歡，有一位會譜曲的同學，甚至還要為〈流雲的夢幻〉那首譜曲呢、」

啊！康康，你才唸高二，難怪會喜歡那些很嫩的情詩，我寫它們的時候，才唸高中，對於詩只有狂熱，根本不曉得什麼叫做詩啊！

丁丁接著發言：「我也喜歡你的抒情詩，特別是〈呈給明月〉、〈那夜的水聲〉、及〈最後的星光〉，詩人評論家張默說你很會營造氣氛，我頗有同感，現在讓我朗誦一下〈最後的星光〉好嗎？」

啊！丁丁，你真是不愧朗誦隊的主力，一首不怎麼樣的詩，竟讓你讀得韻味十足：

忽然
歌聲停止，水聲悠揚
我們默然對坐
最後的一點星光
靜靜　垂落水面
我們猛然驚覺
火浴竟是一世的疼痛

竟是終生的淒然
小路彎進薄薄的暮色
彎進永無休止的黑漆
我們緩緩站起
併肩走下去

單調的步伐　零亂的腳印
在荊棘中
在原始林裏
我們走着
如兩旁黑暗的靜默

我們走着
愈來愈細的水聲

我們走着
愈來愈弱的星光

丁丁讀完了，凱凱，你竟呆呆的坐在那邊，不發一言，

凱凱，你不是要談我的詩嗎？

　　「丁丁的朗誦已經把我帶進你的詩的世界了，我好像真的走在原始林中，走在無邊的靜默中……」啊！凱凱，如果你懂得最後的星光，那麼你一定會懂得〈淒涼〉那首：

　　　打開自己珍藏的日記
　　　發現只有無題詩三首

　　　一首我拿起來
　　　一口一口吃下

　　　一首拿給妻
　　　為冬日的生活點火

　　　另一首
　　　我想，只有寄給你

　　凱凱，你懂嗎？〈淒涼〉和〈最後的星光〉，同時屬於一個階段的作品，張默把它們同時選在《百家詩選》中，又把〈淒涼〉選在《小詩選讀》中，作了如下的分析：「……淒涼在落蒂詩作中是一首相當率真的作品，以〈淒涼〉為題，實則是寫作者某一時刻孤冷的心態和感受。……〈無題〉兩字用得十分巧妙。……第二段『一首我拿起來，一口一口吃下』這兩句有太多的暗示，生活的無奈，生命的煩憂，和現實的牽腸掛肚，所以他祇好調侃自己，拿起自己的詩，不問青紅皂白，一口一口地吞下，這一行深具動感，令人叫絕。……」啊！凱凱，你真的能懂得這兩首詩的內涵和我內心「淒涼」的感受？下次再談。（補記：〈淒涼〉乙詩，選入 94 年大學指考試題。）

11、撥動生命琴弦的水聲

── 談落蒂的詩〈那夜的水聲〉

凱凱：

這兩天你們的話題，一直繞在我的詩作上，使我又慚愧又惶恐，康康更表示：「我想分析一下〈那夜的水聲〉請您指教，可以嗎？」

啊！康康，我希望你能指出缺點，真的，我實在希望聽聽真實的意見。於是康康和丁丁便首先朗誦了起來：

那夜的水聲

夏雨過後
夜晚的彌陀寺
早已閉上山門
水銀燈靜靜
照着廣場上的石泉
以及
空空的石椅

我們是唯一的訪客
被那八掌溪的水聲
吸引前來
我們相依站在

欄杆旁
溪畔偶有幾點火光
是誰在雨後的靜夜
還讓它為生活而明滅
是那水聲
讓我們靜靜相依偎
讓我們感到心中
也有生命的細流在潺潺
二十年了　無波的歲月
誰也不敢相像

誰也不敢相像
做為一個詩人
竟寫不出一首詩
是那水聲
又再撥動了生命的琴弦
是那水聲
一遍一遍在我心中洶湧

月光淡淡照在
夏雨過後的彌陀寺
照在八掌溪的水波上
躍動的水波
彷彿千萬首詩億萬首詩

「康康、丁丁真的讀得很好！」凱凱睜開閉着的雙眼，

讚嘆的說。

　　康康接着說：「我幾乎沉醉在整首詩迷人的氣氛中了！我覺得詩人歐團圓說得不錯，那是您最好的一首詩，沒有特殊的象徵暗喻，娓娓道來，自然平實中，蘊含生活錘鍊出來的生之悲涼，令人感動。以寫作手法來論，第一段有電影運鏡的手法，讓鏡頭停留在彌陀寺、山門、水銀燈、石桌，以及石椅，以襯托出寂寥、孤單的氣氛！」

　　丁丁也說：「這首詩觸景生情，借溪畔的火光，躍動的水波，來刺激詩人的心情，使詩人瞬間想到二十年來爲生活奔波，居然沒有留下一首詩，無限感慨、悲涼！」

　　凱凱接着說：「這首詩有一本詩選選了它，只是最後面加了兩個字『溢出』，我覺得蛇足，因爲最後那句突然而止，令人有低迴再三的感覺，加了『溢出』詩就乏味多了。」

　　啊！凱凱、康康、丁丁，你們都已經有了自己評詩、品詩的標準了，我真的很高興啊！只是你們忘了一點，這首詩散文化較重，你們以爲呢？下次再談。

12、安份握鋤荷犁的行程

── 談吳晟詩作〈土〉

凱凱：

那天我們利用假日到溪州去看林老師的蘭園，一大片蘭花，開着各種名蘭，美不勝收，正在欣賞之時，詩人吳晟剛好也來賞蘭，令我們很興奮。

於是，我們便你一句、我一句的背出許多吳晟的名句：

「古早古早的古早以前／吾鄉的人們／開始懂得向上仰望／吾鄉的天空／就是那一付無所謂的模樣／無所謂的陰著或藍著」（吾鄉印象。序說）

「這是我們的店仔頭／這是我的傳播站／這是我們入夜之後／唯一的避難所」（店仔頭）

「鳥仔無關快樂不快樂的歌聲／還未醒來／吾鄉的婦女／已環坐古井邊／勤快地浣洗陳舊或不陳舊的流言」（晨景）

啊！凱凱，你知道吳晟把三十多年前的鄉下，刻劃得多傳神？那時的「店仔頭」真的是「消息的傳播站」，洗衣婦在古井旁「傳述各種流言」，也許你沒遇到過，也許時代變了，但是屬於中年以上的我，卻能體會出他的筆刻劃的多真實。文學要反映時代，吳晟和黃春明一樣，把二、三十年前的臺灣，忠實的刻劃了下來，為時代做見證。下面我就為你賞析一首吳晟的作品〈土〉：

赤膊，無關乎瀟洒
赤足，無關乎詩意
至於揮汗吟哦自己的吟哦，
詠嘆自己的詠嘆
無關乎閒愁逸致，更無關乎
走進不走進歷史

一行一行笨拙的足印
沿着寬厚的田畝，也沿着祖先
滴不盡的汗漬
辛辛苦苦、誠誠懇懇寫上去
寫上誠誠懇懇的土地
不爭、不吵，沉默的等待

如果，開一些兒花、結一些兒果
那是獻上怎樣的感激
如果，冷冷漠漠的病蟲害
或是狂暴的風雨
蝕盡所有辛辛苦苦寫上去的足印
不悲、不怨，繼續走下去

不掛刀、不佩劍
也不談經論道說賢話聖
安安份份握鋤荷犁的行程
有一天，被迫停下來
也願躺成一大片

寬厚的土地

這一首〈土〉是《吾鄉印象》的序詩，一方面可以說明吳晟的寫作心情，另一方面可以刻劃「鄉下人」「認命」的模樣。

先說吳晟的「寫作心情」，吳晟很早就開始寫詩，由於當時不流行這類淺白的詩作，只好自己「揮汗吟哦自己的吟哦」，至於能否「走進歷史」是不敢夢想的，只有老老實實「一行一行笨拙的足印」「辛辛苦苦、誠誠懇懇的寫上去」，至於能否「開一些花」「結一些果」更不敢去計較，「有一天，被迫停下來」，生命終結了，只好「躺成一大片，寬厚的土地」如此而已，算是很認命的詩人，和鄉下人認命的個性，十分雷同。因此他以這一首類似自傳式的詩來刻劃「鄉下人」十分貼切。詩一開始就說鄉下人「赤膊」和「赤足」，他們為了工作方便，絕不是「瀟洒」和「詩意」，每天揮汗吟哦，一面工作一面自己哼歌，詠嘆自己的詠嘆，一行一行笨拙的足印，沿着祖先走過的田畝，不爭不吵，誠誠懇懇的，即使有病蟲害和暴風雨，「蝕盡了所有的辛苦」，也要不悲、不怨，繼續走下去。多麼令人心痛而且不忍，但是可貴的是這些認命的鄉下人「安安份份」握鋤荷犁的行程終點站是「躺成一片／寬厚的土地」，無怨無悔，令人激賞。

吳晟這一首詩實實在在的反映了二、三十年前農村生活的面貌。凱凱，寫詩不一定要「語不驚人死不休」，寫你熟知的人或事，深入他們的精神內裏，忠實的寫出他們的心聲，也許將有意想不到的收穫，你以為呢？

13、曠野裏獨來獨往的一匹狼

── 談紀弦的詩〈狼之獨步〉

凱凱：

今夜就和你談談紀弦的詩吧！

紀弦是三十年代的著名詩人，來臺後創辦《現代詩》，組織「現代派」，為現代詩點燃一把極亮的火炬，對台灣現代詩壇影響十分深遠。

紀弦早期的詩作，「率真」是其特色，例如〈脫襪吟〉：

> 何其臭的襪子，
>
> 何其臭的脚，
>
> 這是流浪人的襪子，
>
> 流浪人的脚，
>
> 沒有家，
>
> 也沒有親人。
>
> 家呀，親人呀，
>
> 何其生疏的東西呀！

這是紀弦於民國廿三年寫的的作品，如果以現在選詩的標準，他的語言顯然粗糙了些，也沒有經過任何轉折，直抒胸臆，但淺白易懂是其特色。

以後的作品都差不多，平實易懂，例如〈時間之歌〉，

他歌詠着：

　　沉落下去，沉落下去，
　　那些是卸了七色之華衫的
　　全裸着的時間之樂隊女。
　　彈唱着奇蹟的太陽系
　　與整體的銀河輪；彈唱着此一宇宙之毀壞
　　與一宇宙之成長。
　　彈著，唱著，彈著，唱著，
　　那些是永不疲倦的
　　時間之樂隊女。
　　她們微微地笑著，
　　而且向我揮揮手，
　　於是沉落下去，沉落下去……

　　依然明朗易懂，其中多了一些意象語，例如「樂隊女」，使詩的味道增加不少。

　　紀弦也寫出民國三十三年那時人們生活的苦況，例如〈黃昏〉乙首：

　　又是黃昏時分了。
　　妻去買米；剩我獨自守着多雲的窗。
　　兵營裏的洋號，
　　吹的是五月的悲涼。
　　想着沉重的日子。
　　想着那些傷懷的，使人流淚的遠方。

唉！這破碎了的……
你教我唱些什麼，和以什麼調子歌唱！

這首詩寫於民國卅三年，日寇尚未投降，戰爭吃緊，人們生活的苦況，充份表達在字裏行間。

紀弦來臺後寫了不少懷念家鄉的詩，如：〈飲酒詩〉：

飲當歸酒，當歸故鄉。
故鄉啊，你在何方？
如果我有一個南村，
我也可以載欣載奔。
可是我那江南一角的小樓啊，
已隨着錦繡的大陸以俱沉！（後略）

這是飲酒詩的前兩段，原詩甚長，後面省略，不過，由此你就可以知道和所有來臺的大陸人士一樣，懷念失去的家園，十分渴望回歸故鄉。紀弦為這個時代留下了「詩的見證」。

紀弦大部份的詩作，都是寫自己，也就是有些自傳式的，如〈檳榔樹甲集、乙集〉，因為紀弦瘦高，形如檳榔樹，因此以檳榔樹自況。他也以〈狼之獨步〉來描繪自己寫詩的樂趣：

我乃曠野裏獨來獨往的一匹狼。
不是先知，沒有半字的嘆息。
而恆以數聲悽厲已極之長嗥，
搖彼空無一物之天地，

使天地戰慄，

如同發了瘧疾；

並刮起涼風颯颯的，

颯颯颯颯的：

這就是一種過癮。

　　此詩寫於民國五十三年，當時詩壇人士都以「創造者」自居，洛夫說「我一歌唱，所有果樹都受孕」，「我一跺腳，地球因而震動……」，紀弦這一首詩，也寫出了當時詩人的心聲，詩人的「過癮」，凱凱，你以爲呢？下次再談。

14、古典林間飛來的一隻白鳥

—— 談文曉村的詩〈白鳥〉

凱凱：

去年農曆春節，我們一道去南投名門山莊度過一個很愉快的假期。陪我們一起度假的還有專欄作家李雲娟全家福、兒童文學作家郁化清全家福，以及詩人文曉村。我們在名門山莊郁化清先生的別墅裏，飲酒煮茶，天南地北的聊了兩天兩夜，十分盡興。席間你和康康、丁丁都一直十分佩服文曉村對詩的執著精神。

康康說：「文老師寫詩辦詩刊長達二十幾年，在工商業社會裏實在令人覺得不可思議，令人由衷讚嘆！」

凱凱，你也說過：「辦一本詩刊，一心一意為培育後起之秀，不為爭詩刊的『水準第一』，只求播種，不問收穫，令我十分景仰！」

凱凱，你們的話言猶在耳邊，文先生就寄來他為慶賀葡萄園詩刊出刊二十五週年的詩選：《水碧山青》，你是否會對他這份誠摯的愛，更加感動呢？

下面我就挑幾首集中的作品，一起來談談，希望你會喜歡。先說〈白鳥〉（原書第 35 頁）

馬利亞已經死去
馬利亞還未復活

沒有誰肯用她的淚水
親吻耶穌的裸足
天使們都從聖經中悄然遁逸
隱藏於冥茫的域外

只有那曳着白色裙裾的女子
如白鳥　從古典的林間飛來
那潔白的翎羽
猶帶着林間的美林間的愛

因此　馬利亞並未死去
馬利亞依然活着、活着
在教堂、在醫院、在戰地
在千萬病患者的心裏

　　這首詩旨在歌頌白衣天使護士，第一段感嘆世道衰微，馬利亞已死，並且沒有復活，天使們也都悄然遁逸，世間看來毫無希望。

　　第二段描寫在毫無希望的時候，竟有白衣天使如白鳥，從古典的林間飛出，帶來美和愛，暗示人間還有希望。

　　第三段更加肯定，只要有護士，病人就獲救了，如同聖母馬利亞復活了。

　　全詩十分清新自然，起承轉合的結構也十分完美。

　　再說另外一首小詩：〈一盞小燈〉（原書第 50 頁）

　　在荒漠的曠野

野狼的嗥叫令人毛髮聳動
遠方　那一閃
熒熒的亮光
可是一盞小小的燈

在深夜的海上
黑色的風浪撞擊着水手的心
遠方　那一閃
淡淡的亮光
可是一盞小小的燈

在濃霧的島上
風平浪靜星兒也跌入夢境
遠方　那一閃
濛濛的亮光
可是一盞小小的燈

縱然是白晝
都市和鄉村歡笑般的
炫耀着春花秋月的風景
我的心靈啊，依然渴望
那一盞小小的燈

而我知道
在這個世界上
那一盞夢幻的小燈

是永遠無法接近的
便只有默默地
把心貼上去

　　這是一首歌謠體的詩，除了末兩段外，每段都一再重複
「可是一盞小燈？」令人感到其渴望光明、理想之迫切，尤
其每段中加上「荒漠的曠野」「野狼的嗥叫」、「黑色的風
浪」……等意象語，襯托出全詩充滿黑暗、迷茫的氣氛，其
渴望希望之燈，更加殷切，讀來更加充滿感動力。

　　最後限於篇幅，再跟你談談〈迴響〉：

我聽到一種聲音
從我的窗外
輕輕地叫喚
便悄然地推開小窗
向外張望

但見一隻小小的翠鳥
掠過杜鵑花叢
飛向山前
那一片相思林間

當我關上小窗
悵然而寂寞地闔上眼瞼
那輕柔的聲音啊
卻依然在我的窗前迴響

　　這是文曉村集中上乘的作品，頗有「言近旨遠，意在言外」之妙。詩人聽到窗外似有聲音在叩喚，開窗卻見翠鳥飛入一片相思林中，返身關窗，卻又聽到那輕柔的聲音，在窗前迴響。詩人把握這一個機緣，把它寫了下來，未加任何詮釋，令人激賞。

　　讀這一首詩，使人聯想到方思的名作〈聲音〉末段「在沉寂如死的夜心，我聽到一個聲音／呼喚我的名字：我欲／推窗出去。」也使人聯想到許多古代大詩人的名作，他們同樣在宇宙現象裏為我們挑出一些機遇，例如「夜靜春山空」、「古木無人徑／深山何處鐘」例如「春風不相識／何事入羅幃」，這些都是詩人偶然在宇宙現象中碰到的機緣，竟然能信手拈來，讓人千百年不厭的傳誦，至於讀者體會如何？領悟多少？已不是詩人寫作時所能預見的了，凱凱，你以為如何？下次再談。

15、一棵無花無果閒逸孤高的樹

—— 談羊令野的詩〈屋頂之樹〉

凱凱：

今夜就和你來談談羊令野的詩吧！

羊令野是現代詩人羣中，少數具有深厚國學基礎者，你可以給他你的名字，他在數秒鐘內，就可以做出一對非常好的對子，這是很多現代詩人，尤其是青年詩人辦不到的，也因此，他的詩作最具中華文化的色彩；他的書法也別具一格，我就擁有好幾幅他的字，並且視爲珍寶呢！

也由於他是從古詩中蛻變出來的詩人，起初寫的相當艱古，直到《貝葉》出版，才奠定他在現代詩壇的地位。

我們現在來看一首他寫於一九五七年的作品〈薔薇啊·昂首〉，就可以明白：

薔薇啊·昂首 —— 我心裏有隻猛虎在細嗅薔薇
西格夫里·薩松

夜陷於瞳睛的仰望，

環珮揉碎一廊靨響。

而且齒咀嚼不出那婀娜一瞬；

時間之姿遂凝結在水晶簾上。

薔薇啊！以你多刺的手，

握住那滾地而來的旭日；
刺繡一個燃燒的早晨，
讓許多鳥語朗誦。

一九五七、龍潭

這一首詩，由題目，和引用一句西格夫里・薩松的名句，就可以明白，和當時許多詩作一樣，喜用西洋人名、地名，及引用名人名句。在詩的第一段開始兩行，就用了很多修飾的字，使詩句看起來很深奧的樣子，這是當時詩壇流行的通病。第二段亦然，如「多刺的手」，「滾地而來的旭日」，「燃燒的早晨」，均見斧鑿之痕，亦可看出其初試現代詩的苦況。

之後，由於勤練加上天份，越寫越好，《貝葉》一刊出，詩壇爭相傳誦，凱凱，你說你現在寫不好，丁丁和康康也說「寫來寫去老是有別人的影子，老是很生硬吃力……」，我之所以舉名詩人早期的習作，目的就是要你們破除「內心的障礙」啊！

我們再來看另一首令公的佳作〈屋頂之樹〉：

屋頂之樹

星。
孤獨的，照着
屋頂之樹。而那一撮
根鬚，遂有亞熱帶夢之孤獨享受。

你的名字呢？

你的家族呢？
你不落腳於土地。

很像你的弟兄們：
雲之閒逸。
星之孤高。
你們是孿生的，那樣呼吸着。

呼吸着每座星球之土壤。
而你；
不屬於遼遠的叢林。
不屬於那一隻手植。
不屬於這都市的
屋頂之樹。

乃如我的額髮一樣的孤獨的；
無花。
無果。
一種不屬於土壤之植物。

　　這一首詩，在語言上已經較上面所舉那首精純。詩人利
用描繪生長在屋頂上的一棵樹，來抒寫自己內心的感觸。一
棵生長在屋頂的樹，內心是孤獨的，和雲、星等是孿生兄弟。
這棵孤獨的樹，不屬於叢林，不是某人手植，不屬於都市無
花也無果，不屬於土壤，多麼孤絕，不食人間煙火。詩人在
現代詩的寫作歷程裏，何嘗不是也如同這棵屋頂上的樹？內
涵可以無限延伸，聯想可以因人而異，凱凱，你再讀看看，
是否會有不同的領悟？

16、仰測雁字和天河相等的斜度

—— 談羊令野的詩〈秋興八首〉前四首

凱凱：

上次和你談羊令野的詩，你們竟意猶未盡，希望我再談談他的〈秋興八首〉。我仔細品味令公這輯詩，果然韻味無窮。唐代大詩人杜甫也寫過〈秋興八首〉，詩題完全一樣，都是因季節而興起的感懷之作。楊子澗也曾寫過〈秋興八首〉，並獲選入《現代詩導讀》中，可見真正有感而發，容易寫出生動感人的作品。

羊令野這輯〈秋興八首〉，每首均只有五行，是小品寫意之作，嬌小可愛。作者信筆拈來，自成妙品，有時只點出一些景象、事物，吉光片羽，未曾詳細敘述，留下極大的想像空間，讀者可以自由聯想，是現代詩理想的典型作品。先看第一首：

> 昨夜裸浴在水一般涼的月光裏
> 每一寸皮膚
> 可以聞及天河汩汩的流動
> 想必歐陽修怎麼也賦不出的秋聲
> 就和血印在紅葉的脈絡上

這一首寫作者有一個夜晚，沐浴在月光之中，身上每一

寸肌膚都感受到了天河汩汩的流動，此時聯想到唐宋八大家
之一的歐陽修，想到他寫的名作〈秋興賦〉，竟然無法完全
賦出作者此時的體會，作者所感到的秋意襲人，竟然和血印
在紅葉的脈絡上，令人觸目驚心。作者雖未發出慨嘆，而慨
嘆已在字裏行間矣！

　　再看第二首：

　　　昨夜未霜

　　　為什麼楓葉就醉滿一地

　　　誰來題詩或者一帖書信

　　　雁還遲遲南回的路上

　　　怎樣遞給那遠方守望的人

　　第二首寫昨夜雖然尚未下霜，但紅葉已飄落滿地，觸景
生情，想起遠方「守望的人」，一直無法寄去一首詩或一帖
書信，相思想念，欲寄無從寄，而「雁陣還遲遲在南回的路
上」，其中苦況，讀者不難想像！

　　第三首：

　　　紅紅的雁蹼

　　　踏過青石板鋪出的天空

　　　軟軟的翅膀

　　　總是拍發給世界最驚悸的消息

　　　多麼孤獨的一個『人』字啊

　　這一首寫雁在天空排成人字，我們在地上仰頭觀看，感
受當然因人而異，而作者竟然感覺紅紅的雁蹼以及軟軟的翅
膀，竟然拍給世界最驚悸的消息，莫非作者對世界的紛亂感

觸良深，莫非感到自己孑然一身，飽受戰亂親人分離之苦？末句「多麼孤獨的一個人字啊！」哀痛之情，溢於言表。

　　第四首：

　　　久久仰測雁字和天河相等的斜度

　　　你的背影是一柄疾馳的箭鏃

　　　驀然間刺向失落的地平線

　　　而我祇能默想那歸程多麼遼遠

　　　那夢魂多麼深沉

　　這一首寫作者在地面仰望雁字和天河，突然看到你像疾馳的箭鏃刺向失落的地平線，此地的你，是友人亦或指消失的雁子，作者並未指明，一般而言，人到中老年之後，友人逐漸凋零，像疾馳的箭，刺向失落的地平線，因傷逝而聯想到自己流落異鄉，想到歸程遙遙無期，夢魂深處，多少還鄉的願望，逐漸因年華消逝而破滅，作者此時之哀傷，可謂到了極點。

　　凱凱，先和你談〈秋興八首〉的前四首，下次再談另外四首，如何？

17、一擎殘荷聽風雨

—— 談羊令野的詩〈秋興八首〉後四首

凱凱：

上次和你談羊令野的〈秋興八首〉前四首，現在再和你談談後四首。

先請看第五首：

> 不知道秋意來得太早
> 還是我的衣衫過於單薄
> 該當釀些菊花酒了
> 重陽之後
> 這顆心寒得不能再寒啦

這首詩旨在說明作者心境之淒苦寒涼，一開始作者便寫秋意襲我單薄衣衫，心境上竟比肉體還寒，應該釀一些菊花酒暖暖身子，重陽登高，想到自己一大把歲數，仍然孑然一身，親人不見，「這顆心寒得不能再寒啦」，令人心痛難忍。

再看第六首：

> 夏就是這樣的絕裾而去
> 什麼都沒有留下
> 留給你一擎殘荷
> 待到重陽近了
> 夜夜來聽風聲雨聲

　　這首詩有些像國畫的寫意，夏去也，只有留下一朵殘荷，待到重陽，夜夜聽風聲雨聲，其中況味，不言可知。夏代表溫、熱，溫熱之後，就是秋的寒涼，這樣的對比甚佳，更顯出寒涼中那朵殘荷的悲傷，何況更有風聲雨聲，凱凱，如果我們也有這樣的境遇，將寫出怎樣的「秋興」呢？

　　再看第七首：

　　　莊子的秋水深淺

　　　怎樣測得出一尾魚的體溫

　　　想想莫非自得其樂

　　　泥塗之龜

　　　畢竟要比供奉楚廟活得自由

　　第七首完全是寫作者的人生觀，作者認為莊子的秋水深淺，怎能測得出一尾魚的體溫？子非魚，焉知魚之樂或不樂？作者認為，人應自得其樂，雖然做泥塗之龜，也比供奉在楚廟來得自由。作者出身軍旅，本有機會在宦途上一展長才，奈何作者喜歡無拘無束，因此選擇了舞文弄墨，這正說明了作者心志，也給舊日好友一些告白，請勿憐我，如此寂寥蕭索，在這深秋的的時候，畢竟自由無價，且人各有志啊！

　　再見第八首：

　　　遊赤壁的東坡還未回來

　　　杜少陵的歸帆猶掛在三峽之上

　　　菊花已開過幾度了

　　　阿陶你的酒錢呢？

　　　為什麼癡癡的望着南山

　　第八首利用幾件孤立的事件，來點出作者的心情。第一件「遊赤壁的東坡還未回來」，東坡的〈赤壁賦〉大家都很熟，作者把東坡的感賦，一句話就移進自己的詩中，豐富了短詩的內容，此法甚佳，這就是用典的妙處，但用典千萬別用冷僻的典故，讓人研究再三，丈二金剛摸不着大腦，便容易失掉興味，第二件「杜少陵的歸帆猶掛在三峽之上」，以杜少陵的歸帆來襯托自己望斷鄉關，魂夢深處，無不以回鄉爲念，十分妥貼，第三件「阿陶沒有酒錢，只癡癡的望着南山」，更顯出作者內心的痛苦，若能一醉解千愁，倒還罷了，偏偏喝了再喝，酒入愁腸，鄉關夢已遠，只好癡望南山，真是悲痛到了極點。此詩充分寫出作者無限悵惘的心情。

　　凱凱，寫詩千萬不可「說個不停」，白得讓人一覽無遺，同時要多塑造意象，讓讀者讀來生動有味，而羊令野這八首短詩，就是沒有「說得太多」的毛病，你以爲呢？

18、把紅顏捏成白髮

── 談康原的詩〈考季〉、〈捏麵人〉

凱凱：

這次大學聯考放榜了，你和丁丁、康康都不幸慘遭落敗，你們的心情不佳，我是可以理解的，我不願意和所有的人一樣，說一些無法安慰人的話來自欺欺人，我要告訴你的是人生也是一個考場，如何不被打敗，才是重要的。散文家康原最近在民眾日報有一首詩：〈考季〉寫得不錯，我就介紹給你，聊供參考。

考　季

被試題弄昏了的
青春
生病了
那道窄窄的門
很難擠
進

人生是串糾纏不清
試題
縱使優秀的考生
被烤成一堆白骨

命也拋

出

　　這一首詩，第一段很顯然是寫聯考窄門很難擠進，無數的年輕人都埋首書堆中，被試題弄得昏頭轉向，所謂「青春有怨」，很多人都有相同的慘痛經驗，這一段很能引起讀者共鳴。

　　第二段筆鋒一轉，作者竟認為人生也是試場，而且試題糾纏不清，即使再優秀的考生，最後結果也是一堆白骨，把命拋出，有些悲觀。其實這也正是作者的體悟，表面悲觀，也正可以引出樂觀來，因為人難免被挫敗，如果一直自怨自艾，絕對於事無補，倒不如想開一點，這樣一來，認為再成功的人也難逃人生的最終考題，自己的失敗又算什麼？精神上可以獲得很大的舒解作用。凱凱，你以為如何？希望對你的失敗，有所幫助。

　　下面再介紹康原的另一首詩：〈捏麵人〉

捏麵人

揉揉捏捏把生命塑成小玩偶
讓喜、怒、哀、樂隨心所欲

鮮艷的色彩引人注目
維妙維肖的造形令人讚歎
往後的日子誰來捏造
我的一生

　　把紅顏捏成白髮了

　　捏麵人的絕技

　　絕了？

　　第一段寫捏麵人隨心所欲捏出各種生命的小玩偶，這是白描，我們經常可以在公園看到捏麵人捏各種小動物，甚至是平劇中的人物，然而作者在第二行加上「喜、怒、哀、樂」四字就不單是捏麵人了，讀者可以自己擴大一下想像力，例如：人是否也像捏麵人一樣可以隨意塑造自己？

　　第二段仍然是白描，寫捏麵人捏各種維妙維肖的東西，令人讚歎，色彩鮮艷引人注目，後兩行寫心情，往後有誰來捏造我的一生？寫景兼抒情，使詩不會呆板乏味，手法不錯。

　　第三段為即將消失的民俗「捏麵人」叫屈一番，「把紅顏捏成白髮了」，一生從事捏麵人工作，到老了仍然流落街頭，繼續賺那一點蠅頭小利，顯然沒有人願意再學做「捏麵人」，這種絕技是否就要因此而失傳呢？作者提出了一個令人該關心、該注意的問題。

19、摻飯配菜脯

── 談向陽的詩作〈阿爸的飯包〉

凱凱：

上次你表示希望我談談向陽的方言詩，現在我就和你談談向陽的方言詩集《土地的歌》吧！

《土地的歌》計收向陽方言詩作品三十六首，分爲三卷：卷一、家譜，卷二、鄉里記事，卷三、都市見聞。並且附錄了一篇張漢良的導讀，菩提的一篇評論，以及王灝的數千言向陽方言詩研究論文，書末更有「臺語注釋索引」，頗有助於不懂臺語者研讀之用，可謂編印十分用心。

本來方言詩的寫作，不是從向陽才開始，但是像向陽這樣用心，參考了很多臺語研究書籍者，例如：黃敬安著《閩南話考證》，鄭良偉、鄭謝淑娥著《臺灣福建話的語言結構及標音法》，丁邦新著《臺灣語言源流》，亦玄著《臺語溯源》，蔡培火編《國語閩南語對照常用字典》……等，實在很少，因此向陽這本方言詩集，可供對方言詩有興趣的讀者參考研讀之用。

下面我就替你分析一首〈阿爹的飯包〉吧！

阿爹的飯包
每一日早起時，天猶未光
阿爹就帶着飯包
騎着舊鐵馬，離開厝

出去溪埔替人搬沙石

每一暝阮攏在想
阿爹的飯包到底什麼款
早頓阮和阿兄食包仔配豆乳
阿爹的飯包起碼也有一粒蛋
若無安怎替人搬沙石

有一日早起時，天猶黑
阮偷偷走入去竈腳內，掀開
阿爹的飯包；沒半粒蛋
三條菜脯，蕃薯籤摻飯

　　這一首詩，向陽曾經多次在朗誦會場朗誦它，並且獲得
很好的迴響，連不懂臺語的詩人都說十分好聽。這首詩的優
點在於「以童心寫作」，以小孩子的心思去想阿爹工作那麼
辛苦，飯包一定不差，至少也有一個蛋，小孩偷看了父親的
飯包，想不到竟只有「三條菜脯，蕃薯摻飯」，結尾出乎小
孩意料之外，讀者此時被引入一種「驚奇的結尾」之中。也
獲得意外的驚喜。當然如果想到二、三十年前，大家生活的
苦況，又不免要落入無限的感慨之中。

　　當然，誠如張漢良所說的，由於運用方言寫作文學有兩
難式，有正面價值如：能生動的表現地域色彩，增加人物塑
造的真實感；也有反面價值，如「傳達面有限，缺乏普遍性」
對不熟悉此語言的讀者，會造成欣賞時「隔」的現象。但是
任何文學創作者，在創作某一種語言文學的時候，就顧不了
這麼多了。只要「好」作品，讀者透過「翻譯」，或其他途
徑，也會設法去理解，去欣賞，何況向陽還附錄了很多注釋
以便利閱讀，你以為呢？下次再談。

20、奉茶敬煙爲勸募

—— 談向陽的詩作〈校長先生來勸募〉

凱凱：

　　上次和你談向陽的〈阿爸的飯包〉，你們很感興趣，接下來就再和你談談另一首〈校長先生來勸募〉吧！

校長先生來勸募

為着這屆畢業生買紀念品的問題
校長先生真有禮數
一時奉茶一時敬煙
害我感到十分榮幸百分之驚
莫非是阮彼個囝仔無成材未達畢業

舊年校長先生也來過
講阮彼個囝仔「頑皮搗蛋」又未就教
三天兩頭弄破教室的玻璃
初一十五才去學校上課
身軀垃圾衫仔不換愛相打
這次校長先生敢是來退阮囝仔的學

握手笑微微，校長先生
無嫌阮庄腳人兩手黑麻麻
講阮的囝仔成績優秀又乖巧
前幾日鄉運動會獨得金牌

這一次畢業得到縣長獎
若不是陳先生你這雙手……

豈敢豈敢攏是校長先生你栽培
陳先生，未達焉耳講，你這個囝仔
可造之材，得好好栽培，這次募捐
當然啦，亦是多多拜託
我感到十分惶恐百分之快樂，簽在
募捐簿面頂：張阿永，十元

　　這首詩是寫實兼諷刺，和〈村長伯仔欲造橋〉、〈議員仙仔無在厝〉……等都是諷刺當年社會上一些賢達顯貴，不擇手段的卑劣行為，向陽塑造他們的形象，竟然活生生如在面前。這首〈校長先生來勸募〉，先寫校長來勸募時的禮貌十足，讓家長十分驚異，因為去年才說他家小孩不乖，愛打架……，現在又說可以得縣長獎，是可造之材，前後判若兩人，原來是為了募捐……向陽以戲劇手法，寫作一篇大家都已熟知的故事，令人不會有老生常談之感。

　　在十幾二十年前，當學生的經常要繳交各種募捐，像這樣的校長先生親自出去募捐的大概比較少，不過讀者可以因為這首詩而勾起回憶，由於回憶而激起共鳴。

　　向陽這首詩的成功處在反諷，由於成功的諷喻，使詩的效果加強很多，讀者對這位校長先生的印象也因而十分深刻。不過，筆者有一點不解的就是募捐簿上為什麼簽張阿水，明明前面是寫陳先生……也許是作者一時疏忽吧？（這一點向陽有來信說明，請參問本輯第 23 節）向陽的方言詩就和你談到這兒，好嗎？

21、請輕輕染織我蒼茫的影像

── 談張默的詩〈蒼茫的影像〉

凱凱：

今夜颱風來襲，屋外狂風呼呼作響，你和康康、丁丁仍然興致勃勃的來讀星樓和我談詩，使我十分感動。我們面對着眾多的詩刊、詩選以及評論文字，康康忍不住讚嘆道：「現代詩運動成果十分豐碩！」

是的，「現代詩的成果十分豐碩」，那是多少前輩詩人努力辛勤耕耘的成果，回想二、三十年前，現代詩論戰，面對的是極為龐大的反對勢力，如今，不但反對勢力不見了，現代詩人羣中更加入了不少高學歷的學者，想像中，現代詩的前景當更美好才對。

想到現代詩美好的前景，很自然的想到一位對現代詩運動厥功至偉的詩人張默，是他編印詩刊、設計活動、出版詩選，提攜後進，……才能有這麼美好的前景，凱凱，飲水思源，希望你們不要忘了他這份功勞。

下面，我就介紹張默的旅韓詩鈔之一 ──〈蒼茫的影像〉供你們參考吧！

蒼茫的影像 ── 旅韓詩鈔之一

我從安徽來

應知安徽事

故鄉啊！你那細碎的步履
是否悄然跨過牛鈴盈耳的昨日

我知道新羅的雪崩會劈開一條路
瘦瘦的白楊的枝柯
紡織着這批異鄉人太多的渴望
自我們微露酡紅的酒意裏
自我們擎起冰凍的水聲裏
自我們絞殺語言的節奏裏
自我們傳遞體溫的凝視裏
時間還是那麼緩緩的走着
漢城的天空與安慶的天空究竟有什麼差異呢
要不是太平洋的波濤
要不是鴨綠江的易色
我們會在洞庭湖畔
以道地的無為話唸您的詩

今天，我們把您送的手帕擰了又擰
泉湧的淚水好重啊
故鄉，你的根鬚伸向何處
請輕輕染織我蒼茫的影像

　　這首詩是張默旅韓詩鈔的第一首，描寫他到韓國訪問，由於同行人中多數是大陸來臺人士，一時鄉愁泉湧，寫作出來的極為感人的懷鄉詩。

　　第一段借用古詩的句法「君自故鄉來，應知故鄉事」，

很自然的將讀者引入鄉愁之中，三、四句寫故鄉的景況「牛鈴盈耳」的昨日，彷彿細碎的步履，踏進作者的懷鄉情緒中，「詩中有畫」是第一段最成功的地方。

　　第二段描寫這一批異鄉人思鄉情切，一面喝酒，一面吟詩，想到若不是河山變色（鴨綠江易色即為河山變色之意），不就可以在洞庭湖畔用鄉音吟唱您的詩了嗎？此段用情極深，十分感人。

　　第三段寫思鄉到了極點，竟至淚如泉湧，手帕擰了又擰，若不是附記中提到「韓國女詩人金良植設宴送帕」一事，恐怕你們要誤會為「濫情」了！是嗎？

　　屋外的風雨更大了，下次再談吧！

22、黃昏是橋上的理髮匠

── 談覃子豪的詩〈過黑髮橋〉

今夜就來和你談談覃子豪的詩吧！

覃子豪和張默、紀弦一樣，是推動中國現代詩的有力舵手，前不久記者作家余西蘭才在新聞報發表一篇〈想起覃子豪〉，對覃子豪在公論報主編《藍星詩刊》（週刊）的貢獻，懷念不已。

是的，覃子豪不但編《藍星詩刊》，且發起組織藍星詩社，編寫指導書籍：《詩的解剖》，對初學者頗有啓蒙功用，他並且介紹法國的象徵主義，並以作品實際印證，對當時詩壇影響也很大。下面我就介紹一首他的作品〈過黑髮橋〉：

過黑髮橋

佩腰的山地人走過黑髮橋
海風吹亂他長長的黑髮
黑色的閃爍
如蝙蝠竄入黃昏

黑髮的山地人歸去
白頭的鷺鷥，滿天飛翔
一片純白的羽毛落下

我的一莖白髮

落入古銅色的鏡中

而黃昏是橋上的理髮匠

以火燄燒我的青絲

我的一莖白髮

溶入古銅色的鏡中

而我獨行

於山與海之間的無人之境

港在山外

春天繫在黑髮的林裏

當蝙蝠目盲的時刻

黎明的海就飄動着

載滿愛情的船舶

　　　　　　　註：黑髮橋為臺東去新港途中之一橋名。

　　這一首詩描寫作者路過臺東黑髮橋，因橋名黑髮而聯想到人由年輕（黑髮）而到年老（白髮）之間的時間歷程。

　　第一段描寫一個山地人走過黑髮橋，海風吹亂他長長的黑髮，暗示該山地人是年輕的，而且在人生之路上走着，世事如海風吹亂他的黑髮，折磨他年輕的生命，因此才有後兩行黑色的閃爍如蝙蝠竄入黃昏，黃昏代表生命將終結，他即將走完一生。

　　第二段黑髮的山地人歸去了，只有滿天飛翔的白頭鷺鷥，落下一片純白的羽毛，作者因而聯想到自己年華逝去，頭上已有一莖白髮，因而感受到時間像黃昏的理髮匠，正以

無情的火燄燒去作者的青春。「古銅色的鏡子」，「黃昏是橋上的理髮匠」等均是很好的象徵用語。

　　第三段繼續寫年華逝去，如一莖白髮，溶入古銅色的鏡中，又感到自己孤獨一生，尤其是做爲現代詩的推動者，如獨行於山海之間的無人之境，寂寞滄涼由此可見。

　　最後一段，在寂寞滄涼之後，作者猛然體悟，港在山外，希望就在前面，仍有春天繫在黑髮的林裏，當蝙蝠目盲的時刻，即死亡之神目盲的時刻，黎明的海就飄動着，且載滿了愛情的船舶，作者顯然認爲生命有再生或永垂不朽的信念。黃昏、黑夜終會過去，黎明會再來，周而復始，生生不息。

　　全詩寫人由年輕而年老，由年老而思念再生，想到黎明即將來到，雖然時間的日夜不斷的循環，現在是黃昏了，又有什麼可怕，現在年老了，又有什麼可怕呢？詩中充滿了睿智的哲思，且對時間、生命、生死作了很生動的詮釋。

23、驚呼在錯失的小站

── 談向陽的詩〈愛〉

凱凱：

76 年 9 月 14 日我在讀星樓談詩中，和你談到向陽的方言詩〈校長先生來勸募〉，文末提到一點不解處即前面校長先生稱呼對方為陳先生，而陳先生在募捐薄上簽名：張阿水，我認為是作者一時疏忽，俟後向陽先生來信說明：「……校長先生來勸募一詩中『陳先生』與『張阿水』是不同人，詩中的『我』係『張阿水』，校長猛叫他『陳先生』係暗諷他勸募的對象搞錯了（走錯了人家），所以也才有同樣的孩子，去年今年說辭不同的事，謹作說明供參考……」我覺得頗有道理，也覺得自己未能深一層考慮，感到不好意思。真的，凱凱，一個作者，在短短幾行詩中，怎麼可能出現這麼大的疏忽？因此，我們在研究一首詩之前還是要多方面設想。也由於這一點，更加證明向陽在詩中工於設計小說、戲劇情節，以後我們要多加研究才好。

在收到信的同時，也收到了向陽最新由「漢藝色研」出版公司出版的情詩集《心事》，設計、裝幀均極為精美，比《四季》一書猶有過之，每首詩作均配上李蕭錕的插畫，令人愛不釋手。

《心事》一書中共收作者情詩 18 首，序詩乙首，合計 19 首，插畫也有 19 幀之多，在現代詩集備受冷落的出版行

業中，可以說是一大手筆，一大突破，我以為今後詩人們出詩集，還是要找一家負責任、肯花錢、肯花心思去設計的出版社，否則自己都沒有信心，讀者怎麼有信心購買、收藏？

下面我介紹這本書中的序詩給你，希望你會喜歡：

愛 —— 代序

我從南方去，
你打北地來，
在錯失的小站，
各自驚呼：
哎！

我攜白日去，
你帶黑夜來，
在交會的霎那，
合力寫下：
愛。

這是「心事」一書中的序詩，除了交代他們在人生旅途的小站中，偶然驚奇相遇外，也告訴讀者，這是他們日夜相聚，合力寫下的愛的詩篇。

這首序詩，語言十分精純，對比技巧十分熟練，例如「我從南方去，你打北地來」、「我攜白日去，你帶黑夜來」均對的很好，很自然。而第一段和第二段的字數也很對稱，很適於譜曲。這首詩另外還有一個最大的優點，就是寫情不用說明式的，而用意象語：如「南方、北地」、「錯失的小站」

「白日、黑夜」等來客觀影射他們的愛情機緣，屬於非常浪漫型的，像徐志摩的「偶然在天空相會的兩片雲」；也影射他們的愛情充滿甜蜜和辛酸，白日代表光明，黑夜代表痛苦，讀者可以在序詩中，預見他們愛情的全貌。凱凱，你不是也正在「愛的漩渦中」嗎？何妨也提昇一下感情，寫出動人的詩篇？

24、這真是我們自己的頭顱嗎？

── 談洪維勛的詩〈頭顱〉

凱凱：

我們在讀星樓談詩，半年多來獲得了很多迴響，其中除了前輩詩人羊令野、瘂弦、文曉村……等人的鼓勵外，年輕詩人如洪維勛等亦頗認同我們的做法。瘂弦來信說：「……你們的談詩寫得很美，我很喜歡……」，洪維勛說「……你們以聊天的口吻，輕鬆的方式，用書信體談詩，具有很強的親和力，一般視讀文學批評文字為畏途的青少年，可以由這類文字入門，進而引發他們深入研讀的興趣……」是的，這正是我們的目標之一，我們計畫把老、中、青三代詩人的作品，藉談詩的機會，加以有系統的介紹，更希望它將來能成為一本指導性的書籍。

青年詩人洪維勛，記得《商工日報》「春秋小集」曾以巨大的版面，介紹這位詩壇新秀，臺灣南投人，世界新專編採科畢業，寫詩以機智、巧思見長。下面請看他入選爾雅版七十四年詩選的作品：〈頭顱〉。

頭顱 ── 高中生獨白

擱在頸上　沉重的這一顆
果真是　我們自己的
頭顱嗎？

頭皮以上三公分是教官轄區
以下歸教育部

至於將來
是否能高出其他頭顱
老師說：「要等七月二號
聯招會鑑定過了才知道。」
有朝一日，雙腳踏進社會
這顆頭顱
就歸我自己管了吧
「才不呢！」爸爸說
「公司遲早會買走
以每月兩千塊
貼你的
人頭！」

　　這首詩主題十分明顯，文字十分淺易，旨在抗議人由小而大，無法支配自己，完全受人擺佈的命運。這首詩成功處在於處理素材十分得當，尤其處理人人皆知的素材，而能不落俗套，頗為不易。

　　第一段作者先以懷疑的口氣，懷疑自己的頭顱是否真是自己的，把讀者引入一種「企盼」之中，不會讓人一看生厭，不想再往下看，這是「小說懸疑手法」的運用，十分成功。文字的位置調整亦很不錯。

　　接着第二段諷刺當前的教育，教官管頭髮，教育部管考

試、讀書等，頗為幽默、風趣，也具有針砭作用。

　　第三段更進一步說出大專聯考的功能，在鑑定那一個人的智慧高，表面肯定，其實尚是未知數，此段借老師的口說出來，也具有諷刺當前教育人員心態之效果。

　　最後一段，奇鋒突出，以為可以不再受人擺佈的頭顱，出了社會仍然要以低薪出賣。全詩行文雖幽默，富諧趣，讀後卻令人悲從中來。凱凱，你們也是當前教育下，痛苦的過來人，你能加以適度剪裁，使之成為詩篇嗎？加油啊！下次再談吧！

25、迎接一個掀天的浪

── 談梅新的詩〈大擔島與二擔島〉

凱凱：

今夜，你拿着康康的信來找我談詩，原來康康已入伍服役，並且隨部隊到了外島，康康除了寫信之外，還抄錄了一些描寫外島的詩篇，希望我們談談。康康說：「寄給你們這麼多首詩，其中我最欣賞梅新的作品 ── 大擔島與二擔島（之二），他簡直把這兩個小島寫活了……」

所以，今夜我們就來談談梅新的作品吧！先說大擔島與二擔島（之二）乙首：

大擔島與二擔島（之二）

往海中間一站
然後迎接一個掀天的浪
然後一昂首，呈現一塊碧綠的陸地
是島的性格

你們挺立於此
為了表現島的特性
在霧裏拳打腳踢，馴服了
這個海，也安慰了這個海

這是一首描寫戰地前哨島嶼大、二擔的詩作，寫實之外，

兼抒發作者的意見。第一段描寫海中間有一個島，呈碧綠色，迎接掀天的浪，表面是寫實，其實也在抒發作者做為一個軍人的心聲，作者說自己往海中間一站，迎接掀天的浪，可以迎接任何打擊、挑戰，表示自己威武不屈的意志，像一塊碧綠的陸地，像島一樣堅定的個性，昂首立在那裏，所以我認為作者表面在寫島，其實是在寫自己，藉島來抒發自己的心志。

第二段仍然是白描，寫島挺立在海中，在霧裏拳打脚踢，馴服了這個海，也安慰了這個海，作者說明了此兩個島的重要性，可以穩定局勢，可以征服敵人，可以安慰百姓……等不一而足。其實第二段仍然在說作者做為一個軍人，挺立在海中、在敵前，表現出像島一樣的特性，堅毅不拔，如果敵人膽敢來犯，他就在霧裏拳打脚踢，把敵人擊退，征服敵人，安慰軍心……。

這首詩的優點在於借物抒感，藉島言志，以島來暗示作者堅毅的心志。如果說它是擬人化作品的話，它也是一首很貼切的作品，難怪康康在信中說：「……只有到過外島的人，才能真正體會到這首詩的精神，只有做為一個軍人，日夜枕戈待旦，面向凶頑的敵人，才會真正領悟這首詩的內涵……」

是的，康康說的一點都不錯，梅新把這兩個小島寫活了，尤其作者成功的用了許多意象語，來客觀影射，使全詩更有味。例如用「掀天的浪」來暗示局勢的危急，例如用「在霧裏拳打脚踢」來形容在危險環境中的奮力搏鬥，在在證明作者寫作的功力非凡。另外「往海中間一站」除了意象鮮活之外，用字更具動感、創意，以後我們再找機會來談談梅新的其他作品。夜深了，康康一定也「挺立在前哨，表現了如島般的特性」吧！下次再談。

26、宛如細雪的芒花

── 談陳煌的詩〈芒花季節〉

凱凱：

你們一直以為「大個子陳煌」只有寫散文、出版過好幾冊的散文集，其實他也是出色的詩人呢！除了曾獲時報新詩優等獎之外，也常在各報刊發表清新雋永的小詩。下面就為你介紹他的作品〈芒花季節〉吧！

芒花季節

一位婦人
一隻狗
一株曠野中的大樹
整個欲雨的午後
沒有人曾在樹下大理石椅上
坐過，背景的芒花
宛如細雪，遠遠的，我聽不清
散步的聲音

二三草結
五六越野車
一天空寂靜的飛鴿
孩子閃動的身影

　　隱隱現現，迅速轉入
　　芒花叢後，就祇剩下
　　秋光一色

　　陳煌的詩和他的散文一樣，寫得十分細心，一丁點小事，都逃不過他的慧眼，也因此，陳煌常有「發別人所未發」之作。

　　這首〈芒花季節〉也不例外，描寫午後的秋景，利用幾件事物，動靜互見，組合成一首出色的秋景圖。

　　動的是一位婦人、一隻狗、閃動的孩子、越野車、飛鴿等，靜的有大樹、大理石椅，還有背後的芒花。

　　第一段鏡頭中出現一位婦人、一隻狗，還有一株曠野中的大樹，還有未曾有人在樹下坐過的白色大理石椅，以及背景如細雪的芒花，和聽不清的散步的聲音。充分寫出原野的空曠，十分出色。

　　第二段所有動的景物，如越野車、飛鴿、小孩等都迅速隱入芒花叢後，就祇剩下秋光一色，十分寂寥，更具秋天的況味。此段優點在於由動入靜，使詩更有味。

27、體內怎樣奔騰的血液

—— 談張默的詩〈深圳，在打鼾〉

凱凱：

政府基於人道立場，開放大陸探親，一時之間，登記者不下數千人，可見四十年來，大家對朝思夜想的親人，以及故土，是有着多麼深的情愫啊！然而，多數人除了心中想想，嘴巴說說之外，能留下詩篇，爲這個苦難的時代做見證的，畢竟不多。詩人張默，七十三年四月曾與作家王怡等連袂訪問香江，張默在四月八日上午，曾驅車赴勒馬洲眺望大陸，深圳就在他們的腳下，他說：「河山依舊，人事全非，頓時熱血沸騰，不能自己」，回來之後，就寫下了「深圳，在打鼾」乙首感人詩作。現在就爲你介紹這一首詩，以便瞭解這一代人，對故土的情懷。

深圳，在打鼾

第一次
驟然看到你
竟是在我的腳下
不言不語被一道怵目驚心的鐵絲網蜿蜒着

難道這就是我
日日夜夜思念的故國

多想捏它一把的故國
一艘無篷的破木船
在深圳的水河裏緩緩地走着
偌大的一片山川
竟然是冷冷而無聲
那些低矮的農舍
那些一格一格青綠的阡陌
那些隱隱約約的遠山
它們熟悉得就如同自己身上的膚色
然而然而此刻，我多想
一個箭步，騎在它的脖子上

摸摸它
踩踩它
捶捶它

第一次，這所謂的第一次
竟然是在睽違卅五載之後
初度默默地邂逅你
我的親愛的好弟兄
無論此刻我體內的血液是在怎樣的奔騰
你還是一個勁地
袒露着你寬闊的胸膛
不言不語也不理睬我
噢，醒醒吧！深圳
你的鼾聲到底還要打多久

　　這是一首感人的詩篇，作者成功處在於情真，前兩段是
白描，寫第一次看到深圳，竟然隔着一道令人怵目驚心的鐵
絲網，暗示鐵絲網之內的故國，就是鐵幕重重深鎖的家園，
令人鼻酸。接着描寫故國的情景，一艘破木船在深圳的小河
緩緩走着，低矮的農舍，一格一格青綠的阡陌，隱約的遠山，
仍然熟悉如同自己的膚色，此時作者真想一個箭步，騎在它
的脖子上，捏它一把故國的泥土，「摸摸它，踩踩它，捶捶
它」，是最為真切的描寫，也最為感人。

　　末段由情深轉而為失望，因為故國雖在眼前，它畢竟還
是隔着一道鐵絲網，因此作者只能默默的凝視它，而故國仍
然不言也不語，更不理睬作者，在失望中，作者終於發出了
痛楚的呼喊，「醒醒吧！深圳，你的鼾聲到底還要打多久？」
令人讀後，悲從中來。

28、把鳥養在天空

── 談陳斐雯的詩〈養鳥須知〉

凱凱：

最近有位鄰居全家出國旅遊月餘，回來之後，陽臺上的盆景，幾乎都死光了，室內的魚缸及鳥籠也都靜悄悄的，因為無人照顧，全部活活餓死。你得知道這個消息之後，不禁悲從中來。養魚、養鳥，甚至栽培盆景，原是賞心悅目的事；不料這位鄰居一時疏忽，要出遠門，竟未請人照顧，以致變成殘害不少生命的劊子手，能不令人唏噓？

由於這件事情，使我們聯想到年輕女詩人陳斐雯的〈地球花園〉和〈養鳥須知〉兩首作品。前者曾廣受詩壇矚目，並選入《創世紀詩選》中。後者刊於《春秋副刊》，也選入七十三年詩選中，下面就先為你介紹〈養鳥須知〉乙首：

養鳥須知
常常看見你
在鳥店徘徊留連
終日素描一隻籠中的畫眉
所以猜想你喜歡鳥

我也喜歡，不過
比你貪心一點

總共擁有幾萬幾千幾百零幾隻
統統養在天空裡
從來不必擔心
誰會遠走高飛
我請大風陪牠們賽跑
如果累了便躺在雲上喘口氣
如果吃膩春天的食物
夏天自然會有新奇的菜單
夜夜如果睏倦
每棵樹都可供高枕安眠
我一點也不擔心
如果真的十分想念
一抬頭便能相見

在鳥店徘徊留連
看見你買下那隻畫眉
提籠悠哉散步離去
遺落在地上的素描簿裡
畫的竟是自己

所以我敢說你喜歡鳥
我也是
只是比你貪心一點點
總共也才幾億幾萬幾千幾百零幾隻
養在天空裡
養在雨後的電線桿上

　　養在陽光午睡的草坪
　　養在你正提籠散步的小公園

　　年輕女詩人陳斐雯，自稱喜歡天空任鳥飛，海闊隨魚躍，從這一首詩，可以得到充分的證明。和大部份年輕詩人一樣，陳斐雯的詩平白易懂，沒有什麼特殊的象徵、暗喻，語言較鬆散，讀來卻親切感人。

　　這首詩優點在自自然然表達一己對養鳥的觀點，與從前讀書人的仁民愛物理念相結合。作者發表自己喜歡鳥的主張，認為喜歡鳥不一定要養在籠子裡，可以養在天空裡，讓牠們自由飛翔、覓食。七十三年詩選主編向明評曰：「她這種從博愛觀出發的自然生態保育理論，較之一般的祇知責難和揭發的詩文，既具親和感又有說明力，任何人讀了，都會覺得摘花捕鳥是一種多麼自私的，自絕於大自然的愚笨之舉。」

　　信哉、下次再談。

29、淒清的喜悅

── 談林錫嘉的詩〈母親〉

凱凱：

最近我們讀到散文家林錫嘉的詩集《親情詩集》，深深為他的至情至性所感動。他在序言中說：「……我們的國家足以為傲的，就是可貴的『親情』，我們自呱呱墜地至老朽，都一直生活在親情的關愛中。小孩有爺爺、奶奶、父母、姑姑等的呵護，老年人也有兒女、孫子們的奉養孝敬。我們就生活在如此充滿恩愛和安詳的社會。雖然環境變遷，時代轉換，可是親情依然深植在我們每一個中國人的心中。……」

這就是這本《親情詩集》的寫作泉源，凱凱，你也是生活在幸福的家庭中，是否也願意將所感抒寫一些詩篇呢？下面就為你介紹乙篇詩集中的佳構：〈母親〉

溫馨的榕林
總是有一種聲音在成長
孩子的樹
母親每天教他語言
一些誠懇的手勢

樹慢慢長高
語言也漸漸繁嘩了

手勢也學樣曖昧
他們總仰望遼闊的天空

大地
母親等待的懷抱
僅能等得
不經意掉落
一枚葉片

即使只是空望
做為母親
也只能重複這種淒清的喜悅
庇護一窩
沒有雛鳥的舊巢

詩的第一段，作者以榕樹林來比喻一個家，小樹在溫馨的榕樹林中成長，小樹每天由母親處學會了一些誠摯的手勢，十分妥貼，也沒有一般人歌頌母親偉大的毛病 —— 說個沒完，完全是用表現式的，讓詩的本身自己去呈現，甚佳。

第二段，用樹慢慢長高，來形容小孩慢慢大了，語言也學多了，此處「繁嘩」兩字用得很好，樹枝在風中喧嘩，小孩在人羣中嬉鬧，兩邊皆恰當。「手勢也學樣曖昧／他們總是仰望遼闊的天空」，兩句表面上是白描，寫樹枝伸向天空，卻也暗示小孩長大了，要奔向遼闊的天空，因此後兩段在銜接上就顯得天衣無縫了。

第三段承接上段意旨，小孩長大走了，只留下母親的等

待，「不經意掉落的／一枚葉片」完全是寫實，卻也含有無限的意義。

最後一段描寫做為母親的無怨無悔情懷，令人十分感動，「即使只是空望／做為母親／也只能重複這種淒清的喜悅」，彷彿有一位「庇護一窩／沒有雛鳥的舊巢」的母親，就在眼前。

凱凱，你也願意寫出你的感恩嗎？下次再談。

30、媽媽的炊煙是爸爸望歸的路

—— 談梅新的詩〈家鄉的女人〉

凱凱：

最近你和康康、丁丁都在熱衷於談戀愛，你們問我，要選擇什麼樣的女孩才好？這可是難倒我了。不過，我心目中的理想伴侶，應該是梅新筆下的〈家鄉的女人」，只是時代變了，這樣的對象，怕不太好找吧？下面就請看梅新的作品：〈家鄉的女人〉吧！

　　1、
家鄉的女人
總是醒在
家的前面
家
總是醒在
黎明的前面
天還未醒
我們家的
屋頂先醒
一縷縷的炊煙
自我們家的屋頂
升起

乳白色的
還有女人的髮焦

　　2、
黃昏
家鄉的女人
總不忘
生起一縷縷的炊煙
於灰暗色的天空
媽媽的炊煙
是爸爸望歸的路
連隔好幾座山
爸爸仍能看見
媽媽的炊煙

　　這是梅新頗獲好評的作品之一，四十歲以上的人，多少都對梅新筆下「家鄉的女人」有印象。從前農業社會，婦女出外謀生者甚少，除了家、先生、小孩以外，幾乎不知道還有什麼東西可以佔有她們生命中的任何一個部份。她們每天起得很早，然後做早餐，梅新把握住這一點，加以生動的刻劃，尤其匠心獨運，以「家鄉的女人／總是醒在家的前面／家／總是醒在／黎明的前面／天還未醒／我們家的／屋頂先醒」的特殊構句方法，使本來平淡無奇的一件事，變得特別生動有味，也很有幽默感。尤其「天還未醒／我們家的／屋頂先醒」特別能出奇制勝，也特別能刻劃出以前的生活方式，現代人用瓦斯，就再不會有炊煙了，那兩句佳句也就派不上

用場了。不過，這樣寫，可以爲那個時代，留下見証。

　　第二段寫黃昏，家鄉的女人在做晚飯，生起一縷縷的炊煙，是爸爸望歸的路，甚妙，後三句寫夫妻情深，心有靈犀一點通，雖然隔了好幾座山，爸爸仍然看得見媽媽的炊煙，令人讀了頗有所感。如果夫妻能夠深情如此，就不必喊出「爸爸回家吃晚飯」的口號了。

　　凱凱，時代不同了，不過，有一點千古不變的，就是希望你找到一位「顧家」的女人，而你，也能隔着千山萬水，看見她在爲你做晚飯，是我的祝福，是期許。下次再聊吧！

31、秋後葦花的變局

── 談向明的〈生活六帖〉、〈吊籃植物〉

凱凱：

你說生活十分平順，沒有什麼波折，很少有感觸，怎能有好的詩篇？的確，這是一般人寫作共同的苦況。但是，如果能從日常生活中的細微末節，去體會一些人生的哲理，亦未嘗不能寫出好的詩篇，不信，請看向明〈生活六帖〉中的第一帖：

> 早晨出門時
> 妻走在我後面驚慌的說
> 你的髮梢
> 醞釀着秋後葦花的變局
>
> 我說，那有這種糗事
> 現正彈足糧豐
> 它們未經一戰
> 怎可擅自
> 就把白旗挑起

這是「生活六帖」中的第一帖，寫一個人驚見白髮時的心境變化，十分具有巧思，令人讀後回味無窮。其中「你的

髮梢／醞釀着秋後葦花的變局」兩句真好,用葦花來形容白頭髮,尤其是秋後的葦花,太傳神了,「變局」兩字更佳。

最後兩句「怎能擅自／就把白旗挑起」寫不服老的心境,更是神來之筆,而且以「舉白旗來形容白頭髮」,甚具巧思。凱凱,從生活細中去捕捉寫作的題材,這不是一個很的例子嗎?

下面再析向明的另一首〈吊籃植物〉:

　　從前他們說
　　你是一株不用著地的
　　移植的藋草
　　不再思念故土
　　貪戀現成的營養和食科

　　現在他們却說
　　你是一株不願著地的
　　寄居的藋草
　　祇會緬憶昔日的家園
　　難於認同眼前的窩巢

　　你的枯槁能為你說些什麼呢
　　你委實不想說些什麼了吧
　　在這樣的氣溫下
　　反正離鄉背景的這麼久
　　說什麼也不好

　　這首詩也是從生活的細節中捕捉素材的很好作品，養「盆景」，種「吊籃植物」，原是一般人怡情養性的事，但作者却利用「吊籃植物」遠離故土，依賴別人，供應養料的特性，來抒寫一些離鄉背井的人的尷尬情況，讀後令人十分感動。凱凱，你再不會說找不到寫作題才了吧？下次再談。

32、走進亮藍的天空

── 談洛夫的詩〈桃園國際機場〉

凱凱：

今天就和你談一談洛夫的〈桃園國際場〉吧！

　　走過機場，彷彿
　　已如走進亮藍的天空
　　或者滿天是星、滿天是雲
　　或者是一張一字也未曾
　　寫過沒有墨跡的光紙

　　在這天空的天空裏
　　是永遠也辨不出是今天或明天
　　是晴或雨，是春或秋的
　　因為它永遠就是那樣
　　不曾種花種樹
　　不曾蓋一棟大廈
　　像摩天大樓或圓山飯店

　　機場是空曠的
　　天空是空曠的
　　視野是空曠的

感覺是空曠的
只有從機場起飛的人
像知道起飛的意義

從紐約到臺北
從臺北到紐約
兩邊都是一樣的機場和天空

　　這一首詩原刊於七十七年一月十五日的《中央副刊》，想係驚聞經國先生逝世立刻寫就；雖然如此，全詩仍保留高度的藝術水準，顯見詩人心中早就存有如此的感念，才能在短時間之內，一揮而就，且不失其藝術光澤。

　　第一段寫走過機場，彷彿已走進亮藍的天空，心中充滿了希望，因為我們有了偉大的建設 —— 桃園國際機場，那麼我們就有美麗的遠景，或者是滿天是星，滿天是雲，多美的畫面，它在歷史上是空前偉大的，因此作者說：「或者是一張一字也未曾寫過沒有墨跡的光紙」，在史冊上，它是空前的。

　　第二段繼續說明有了偉大的建設，在這天空裏，是永遠也辨不出今天或明天，是晴或雨，是春或秋，因為它在任何時間，都十分重要，因為它永遠就是那樣，此段的最後三句用相反的筆法來寫，說它不曾種花種樹！其實已為我們埋下了無比美麗的明天；說它不曾蓋一棟像摩天樓或圓山飯店的大廈 —— 強國的藍圖，其實他早就做了，從第三段內容就可以得知，這種筆法甚佳，使原詩更有力，因為有「反差對比」之故。

第三段，寫機場、天空、視野甚至是感覺是空曠的，只有從機場起飛的人，才知道起飛的意義，此處「起飛」一語雙關，表示國家從此起飛了，甚佳。

末段暗示，臺北將和紐約一樣的繁榮，我國將和美國一樣的強大，因為兩邊都有一樣的機場和天空。

全詩未着一字「偉大」，而經國先生的偉大建設已在其詩中矣，真是好詩。